ESPACIO JOVEN 360

Libro del alumno

Equipo ESPACIO

Nivel

B1.1

Edinumen

1.ª edición: 2018
1.ª reimpresión: 2019
2.ª reimpresión: 2020
3.ª reimpresión: 2022
4.ª reimpresión: 2023
5.ª reimpresión: 2025

© **Equipo ESPACIO:**
María Carmen Cabeza Sánchez, Francisca Fernández Vargas, Luisa Galán Martínez, Amelia Guerrero Aragón, Emilio José Marín Mora, Liliana Pereyra Brizuela y Francisco Fidel Riva Fernández
Coordinación: Amelia Guerrero Aragón

Depósito legal: M-20817-2018
ISBN - Libro del alumno: 978-84-9848-945-3

Impreso en España
Printed in Spain
0225

Coordinación editorial:
David Isa

Diseño, maquetación e ilustraciones:
Elena Lázaro y Carlos Casado

Actividades interactivas:
Antonio Arias y Eva Gallego

Fotografías:
Archivo Edinumen

Impresión:
Gráficas Glodami. Madrid

Editorial Edinumen
José Celestino Mutis, 4. 28028 Madrid. España
Teléfono: (34) 91 308 51 42
e-mail: edinumen@edinumen.es
www.edinumen.es

Fotografías:
Archivo Edinumen, *www.shutterstock.com*
p. 16 (*Pedro Almodóvar*, Featureflash Photo Agency), p. 16 (*Estatuilla Goya*, catwalker), p. 44 (*José Lezama Lima*, neftali), p. 56 (*Darth Vader*, Stefano Buttafoco), p. 60 (*Vietnam*, Asia Images), p. 62 (*Pablo Neruda*, spatuletail), p. 63 (*Monumento a Pablo Neruda*, Dmitry Chulov), p. 91 (*Nike*, 2p2play), p. 92 (*Bandera olímpica*, Alexey V Smirnov), p. 110 (*Corral de Comedias*, Fernando García Esteban), p. 117 (*Gran Vía*, Sean Pavone).

PRESENTACIÓN

Espacio Joven 360º es un curso comunicativo de lengua y cultura españolas que integra contenidos multimedia para facilitar una nueva experiencia de aprendizaje a jóvenes adolescentes, adaptándose a la forma en la que ellos interactúan en su día a día.

Dividido en cinco niveles y siguiendo las directrices del *Marco común europeo de referencia* (MCER) y del *Plan curricular del Instituto Cervantes*, **Espacio Joven 360º** conduce a la adquisición de una competencia comunicativa del nivel B1.2 y prepara para los nuevos exámenes DELE.

COMPONENTES DISPONIBLES

Para el estudiante

Libro del alumno

Cuaderno de ejercicios

eBook libro del alumno

Cuaderno de ejercicios *online*

Para el profesor

Libro del profesor

eBook libro del profesor

PACK **Guía Maestra Digital**

eBook alumno | **eBook profesor** | **eBook ejercicios**

Todo el material digital puede ser utilizado en ordenadores (PC, Mac), iPads y *tablets* de Android, con o sin conexión a internet.

EXTENSIÓN DIGITAL ALUMNO

MATERIALES MULTIMEDIA

Espacio Joven 360º cuenta con una gran cantidad de recursos multimedia que han sido diseñados para enriquecer el proceso de enseñanza y aprendizaje, y que se ofrecen integrados en la secuencia didáctica del libro del estudiante.

ELEteca

A lo largo de las unidades se hace referencia a una serie de **instrumentos digitales** a disposición del estudiante que permiten la **profundización** y la **revisión** de los contenidos, **dinamizando** el curso.

Actividades interactivas

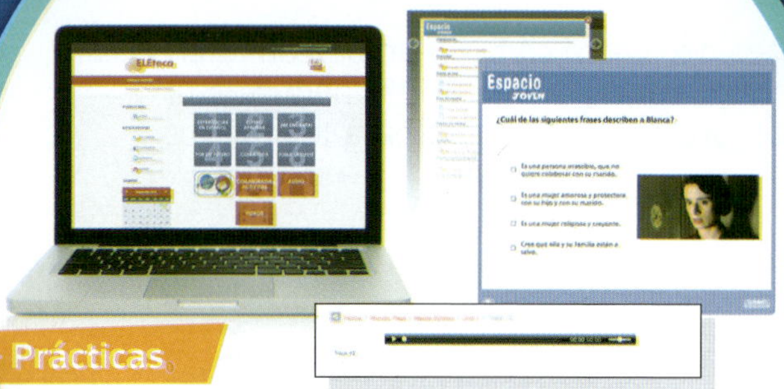

+ Prácticas

Cada uno de los contenidos que aparecen en la unidad se complementan con nuevas actividades *online* para practicar y repasar de una manera divertida.

Serie – Sesión de cine

Serie sobre un grupo de jóvenes hispanos que protagonizan situaciones de la vida cotidiana.

360

Actividades colaborativas

Actividades variadas concebidas para ser desarrolladas como tareas de trabajo cooperativo a través de wikis y foros.

VIDEOGRAMAS – Vídeos didácticos

Vídeo situacional y explicación gráfica de los aspectos gramaticales de la unidad.

SPANISH BLOGGER – Gamificación

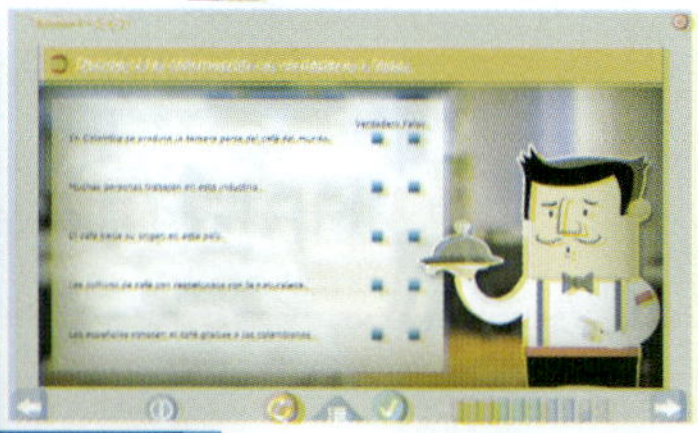

Spanish Blogger es un juego de carácter narrativo que permite a los estudiantes seguir aprendiendo español en un contexto lúdico, al finalizar la unidad. Vivirán la experiencia de trabajar en un periódico y de crear su propio blog sobre la cultura hispana.

LIBRO DEL ALUMNO

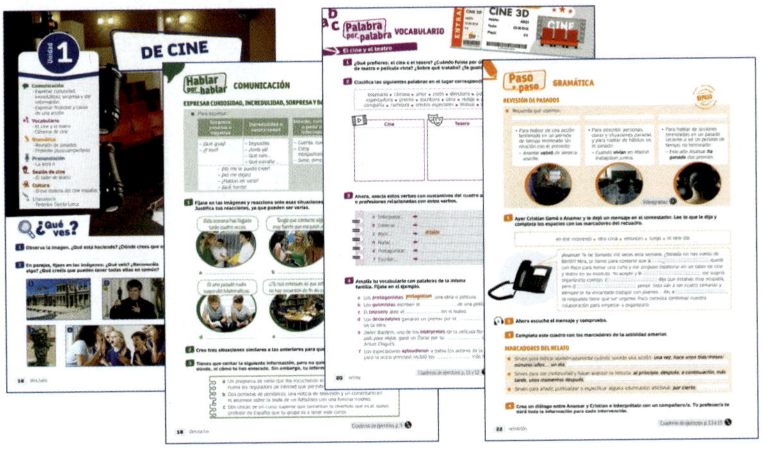

ORGANIZACIÓN

Cada libro de **Espacio Joven 360º** está organizado en torno a seis unidades.

En el primer volumen, la **unidad 0** introduce al estudiante en el mundo de la lengua y de la cultura española, y ofrece también los instrumentos indispensables para la interacción en clase. En los otros volúmenes, actúa como un repaso de los contenidos del nivel anterior.

¿Qué ves?

Comenzamos con un diálogo

Como indica el título, esta sección se centra en una **conversación** que introduce el **tema de la unidad**, el **vocabulario previo** y las **estructuras gramaticales**. Con ello los estudiantes comienzan a interpretar el significado y a usar la lengua en un contexto auténtico, sin necesidad de entender todas las palabras.

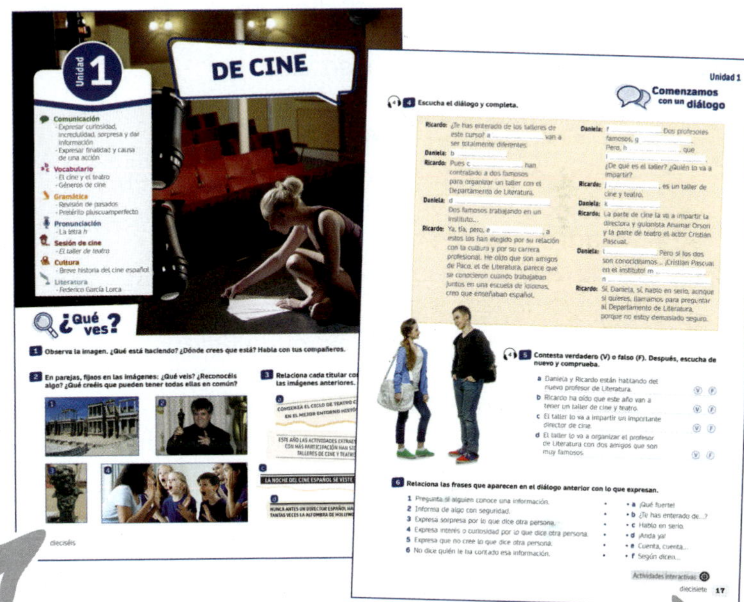

Referencia a las actividades interactivas.

Hablar por hablar

Presentación de los **objetivos comunicativos** a través de sencillos cuadros funcionales, seguidos de actividades de producción y comprensión oral.

Las estructuras y las funciones se presentan como elementos de la conversación.

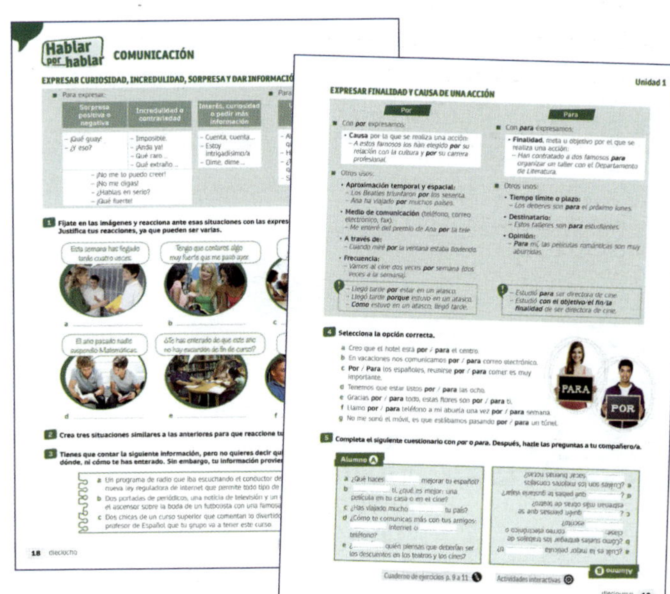

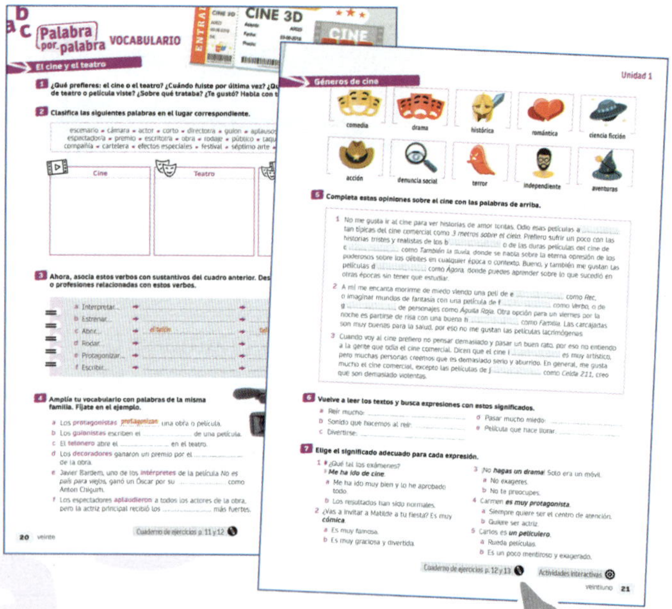

Referencias al *Cuaderno de ejercicios.*

Palabra por palabra

Resumen y análisis de los **elementos léxicos** introducidos en el diálogo a través de la presentación de **cuadros léxicos** y de actividades lúdicas y motivadoras. Trabajar las actividades con su compañero/a o en pequeños grupos anima a los estudiantes a aprender colaborativamente.

Referencias a *Videogramas.*

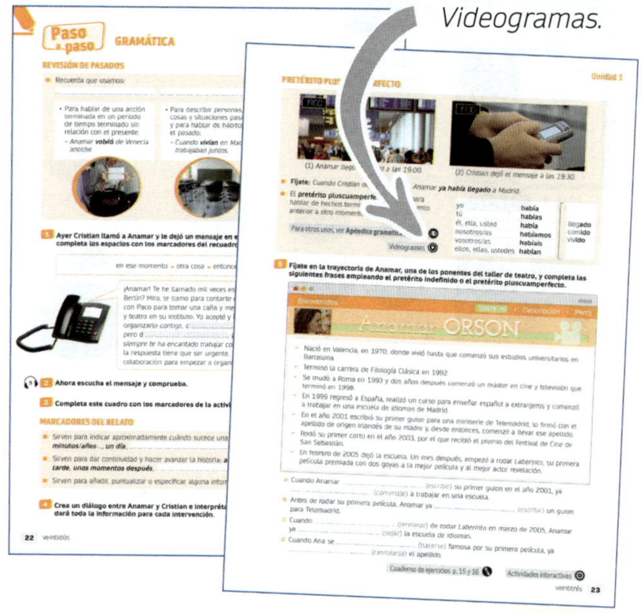

Paso a paso

Sistematización de los **aspectos gramaticales** gracias a cuadros con explicaciones claras y completas, y a una serie de actividades de reflexión.

El apéndice gramatical al final del libro del alumno ofrece numerosas **profundizaciones** de estos aspectos gramaticales.

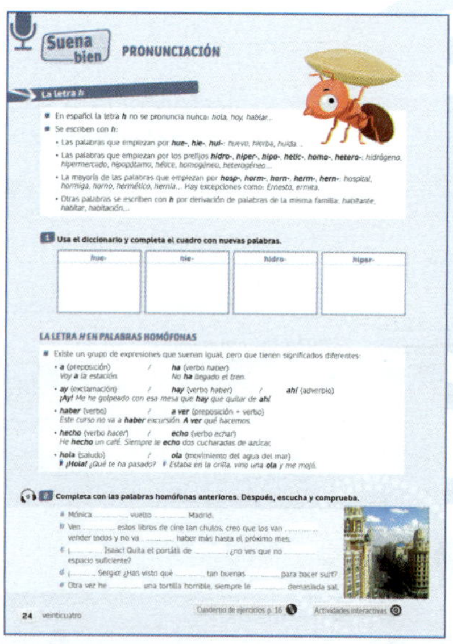

Suena bien

Sección dedicada a los **aspectos ortográficos y fonéticos** de la lengua española.

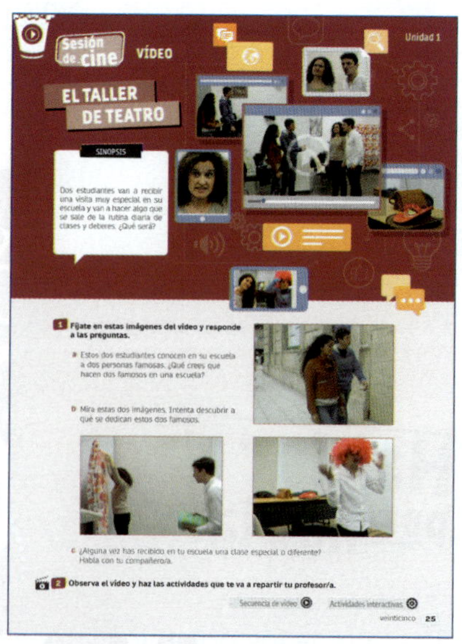

Sesión de cine

Esta sesión presenta **vídeos** sobre la vida de un grupo de adolescentes, relacionados con el tema de la unidad. Van acompañadas de actividades para predecir e interpretar la historia.

La unidad concluye con tres secciones que agrupan todos los elementos lingüísticos presentados en las páginas anteriores, permitiendo al estudiante la **utilización global y personal de las competencias adquiridas.**

Mundo hispano

Desarrollo y profundización de uno o más **aspectos culturales** presentados en la unidad.

Esta sección cultural va más allá de una simple instantánea cultural e invita a los estudiantes a profundizar más en las perspectivas hispanas con información y actividades diseñadas para alentarles a ampliar el contenido cultural del texto.

Érase una vez...

Introducción a relatos o fragmentos literarios para acercar a los estudiantes el placer de la literatura. Todas las piezas literarias son grabadas e interpretadas.

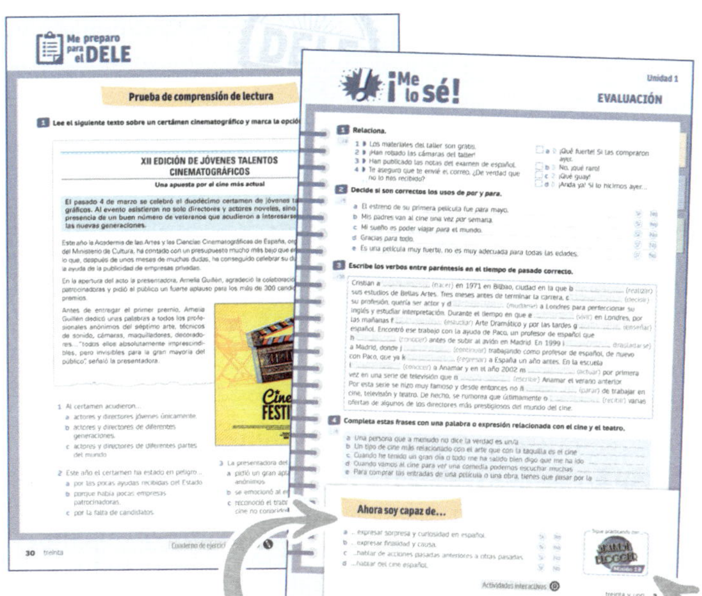

Me preparo para el DELE

¡Me lo sé!

Para la **evaluación del aprendizaje**, se han incluido:

- **actividades de preparación al DELE**, concebidas según el modelo de las pruebas de examen de cada nivel;
- **actividades de evaluación** con puntuación, que se realiza de forma autónoma.

En la sección *Ahora soy capaz de...* se requiere que el estudiante demuestre, con sus propios ejemplos o explicaciones, qué ha aprendido en la unidad.

Referencias al juego *Spanish Blogger.*

ÍNDICE

Unidad 0

AHORA Y SIEMPRE

Comunicación
- Hablar del pasado
- Hablar de planes y acciones futuras, hacer promesas y conjeturas
- Dar órdenes, permiso, invitar, dar consejos e instrucciones

Vocabulario
- Ocio y tiempo libre
- Medioambiente

Gramática
- Contraste de pasados
- Futuro imperfecto
- Imperativo afirmativo y negativo

Pronunciación y ortografía
- La tilde en interrogativas y exclamativas
- Los signos de puntuación

Cultura
- ¿Qué sabes de nuestra cultura?

¿Qué ves?

1 **El señor Gregorio recuerda diferentes momentos de su vida. ¿En qué crees que está pensando? Observa las imágenes y habla con tu compañero/a.**

1 **2** **Ahora escucha lo que piensa y escribe los números de las frases en su lugar correspondiente.**

a Cuando era niño... ➔ ....

b A los 18 años... ➔ ....

c Cuando cumplí los 30... ➔ ....

d Hoy... ➔ ....

RECUERDOS DEL COLEGIO

1 **El señor Gregorio tiene tan buena memoria que incluso se acuerda de su primer día de colegio. En parejas, mirad los dibujos e intentad imaginar cómo fue ese día.**

2 **Ahora comprueba tus suposiciones y completa el texto escribiendo los verbos en pasado.**

Cuando pienso en mi época de estudiante siempre vienen a mi memoria muy buenos recuerdos, bueno, menos el de mi primer día de colegio... Se puede decir que para mí **1** .... (ser) toda una experiencia y, aunque ya **2** .... (pasar) muchos años desde entonces, me acuerdo perfectamente de lo que **3** .... (sentir). Recuerdo que ese día mi madre me **4** .... (despertar) muy temprano y me **5** .... (decir) que teníamos que darnos prisa, porque si no íbamos a llegar tarde al colegio. **6** .... (Levantarse), **7** .... (vestirse) yo solo y **8** .... (desayunar) muy bien, porque mi madre siempre **9** .... (decir) que "antes de estudiar, tu barriga debes llenar". Después, mi madre me **10** .... (ayudar) a peinarme, yo **11** .... (coger) mi mochila nueva y **12** .... (salir) hacia el colegio. Yo **13** .... (estar) muy emocionado porque **14** .... (ser) mi primer día de cole y ya **15** .... (ser) un niño mayor. Además, como toda mi vida **16** .... (ser) una persona muy curiosa e inquieta, **17** .... (sentir) mucha curiosidad por saber qué **18** .... (ser) eso del cole, pues mi hermano mayor, cuando **19** .... (volver) a casa, siempre **20** .... (contar) un montón de anécdotas divertidas sobre ese lugar y mis padres **21** .... (reírse) mucho con él. **22** .... (Ir) todo el camino contento, iba a conocer la escuela, a mis compañeros, a mi profesora... Sin embargo, cuando mi madre me **23** .... (dejar) en la puerta del colegio junto a los demás niños, **24** .... (ponerse) tan nervioso que **25** .... (empezar) a llorar y, para mi desconsuelo, ¡los demás niños también **26** .... (llorar)! Aquello no **27** .... (ser) nada divertido, ni **28** .... (parecerse) a las historias que **29** .... (contar) mi hermano. Además, mi madre ya no **30** .... (estar) allí y yo no **31** .... (poder) volver a casa con ella. Enseguida **32** .... (venir) mi profesora e **33** .... (intentar) consolarme, pero **34** .... (estar) todo el día triste y de mal humor, tanto que al final la profesora **35** .... (llamar) a mi madre por teléfono y ella **36** .... (venir) a buscarme al colegio. Pero como ya **37** .... (decir), ese fue el primer día. Cuando **38** .... (acostumbrarse), el colegio me **39** .... (encantar) y la profesora Margarita **40** .... (ser) la mejor profesora que **41** .... (tener) nunca.

3 **Clasifica estas frases extraídas del texto anterior según los usos de los tiempos del pasado que conoces.**

- a Se puede decir que para mí **fue** toda una experiencia.
- b Ya **han pasado** muchos años desde entonces.
- c Recuerdo que ese día mi madre me **despertó** muy temprano.
- d Mi madre siempre nos **decía** que "antes de estudiar, tu barriga debes llenar".
- e Yo **estaba** muy emocionado porque **era** mi primer día de cole y ya **era** un niño mayor.
- f Toda mi vida **he sido** una persona muy curiosa e inquieta.
- g Mi hermano mayor siempre **explicaba** un montón de anécdotas divertidas sobre ese lugar.
- h Aquello no **era** nada divertido, ni **se parecía** a las historias que contaba mi hermano.
- i Enseguida **vino** mi profesora e **intentó** consolarme, pero **estuve** todo el día triste y de mal humor.
- j Margarita **fue** la mejor profesora que **he tenido** nunca.

Acción sin relación con el presente	Descripción de una situación	Acción reciente o relacionada con el presente	Acción habitual en el pasado	Valoración en el pasado

4 **Imagina cómo fue el primer día de colegio de tu compañero/a y escribe cuatro frases.**

a ....

b ....

c ....

d ....

5 **¿Recuerdas tu primer día de colegio? Cuéntaselo a tu compañero/a. Después, señala las que has acertado en la actividad anterior.**

Yo tenía 6 años cuando empecé el cole... ....

6 **Ahora, escribe aquí cómo fue realmente el primer día de colegio de tu compañero/a.**

Cuaderno de ejercicios p. 4 y 5

REDES DEL FUTURO

1 **Esta es la página de una conocida red social. Víctor ha escrito sus planes para el futuro en su muro. Ayúdalo a completar las frases.**

facebook® Víctor | inicio

Víctor Mañana me querréis todos un poco más. He jugado a la lotería y seguro que me tocará. Con ese dinero estudiaré pintura en Salamanca y, después de estudiar, me iré a vivir a la selva. ¡Ja, ja, ja!

Marta hoy

a ¡Qué loco...! Creo que .... (ir, yo) contigo. ¿Y .... (poder, yo) estudiar allí?

Víctor hoy

b ¡Marta! ¡Estamos hablando de la selva! Me temo que antes .... (tener, tú) que acabar tus estudios aquí.

Marta hoy

c ¿Y qué .... (hacer, nosotros) en la selva?

Víctor hoy

d Supongo que yo .... (pintar) y creo que tú .... (ser) veterinaria y .... (cuidar) la reserva de animales.

2 **El comentario de Víctor ha causado tanto asombro entre sus amigos que se ha iniciado un interesante debate. Un fallo informático ha mezclado todas las intervenciones. Intenta ordenarlas.**

- **a** ☐ **Víctor:** Si tu padre te deja y si a mí me toca la lotería...
- **b** ☐ **Marta:** Oye, Mario, ¡no te pases! Ya sabes que a mí me encanta la naturaleza, el contacto con los animales y, además, ¿qué mejor lugar que la selva para una ecologista como yo?
- **c** ☐ **Mario:** Bueno, si mi padre me deja, **me iré** con vosotros.
- **d** ☐ **Marta:** Eso, eso, ja, ja, ja.
- **e** ☐ **Mario:** Hombre, yo creo que estáis exagerando, vale que nuestra ciudad no es precisamente la selva, pero hay muchos parques... y, además, el nuevo alcalde ha prometido que **construirá** más zonas verdes y que **trabajará** para un consumo responsable del agua y...
- **f** ☐ **Marta:** Vamos a ver, Mario, que estás hablando de políticos, ¿no ves que solo saben hacer promesas para ganar las elecciones?
- **g** ☐ **Víctor:** No te creas, Mario... Pienso que en el futuro en la ciudad **habrá** más contaminación y no me gusta mucho la idea.
- **h** ☐ **Víctor:** Tiene razón Marta. Anda, Mario, no te lo pienses y vente con nosotros a la selva...
- **i** 1 **Mario:** ¿Cómo? ¿Que os **iréis** a la selva? ¿Y por qué? Bueno, Marta, ya sé que tú **irás** porque va Víctor, pero Víctor, ¿tú? Si a ti te encanta la ciudad...

2 **3** **Ahora escucha y comprueba tu respuesta.**

4 **En los diálogos anteriores aparecen en negrita distintos usos del futuro. Busca un ejemplo para:**

a Hablar de planes ➔ ....

b Hacer conjeturas ➔ ....

c Hablar de acciones futuras que dependen de una condición ➔ ....

d Hacer promesas ➔ ....

Cuaderno de ejercicios p. 5 y 6

¡ACUÉRDATE!

1 **Relaciona los siguientes enunciados con su imagen correspondiente.**

1 ☐ ¡No os peleéis!
2 ☐ Respire, por favor.
3 ☐ Coged ensalada.
4 ☐ No compréis en este supermercado, es muy caro.
5 ☐ Entra.

a

b

c

d

e

2 **Ahora, clasifica los enunciados anteriores en el lugar adecuado.**

Dar órdenes	Dar permiso	Invitar	Dar consejos	Dar instrucciones

3 **Así es como continúan los enunciados de la actividad 1. Completa los espacios con el imperativo.**

a Luis, ya te he dicho que no .... (pelearse, tú) con tu hermana. Tú eres el mayor y tienes que dar ejemplo.

b Tiene usted un resfriado común: .... (tomarse, usted) estos sobres y .... (descansar), no .... (hacer) muchos esfuerzos y .... (beber) infusiones calientes con miel. Ya verá como en unos días está mejor.

c Mejor .... (ir, vosotros) al "Ahorra ya". Es muy fácil llegar. .... (Mirar), ... (bajar) esta calle, después .... (coger) la primera a la derecha y luego, ... (seguir) todo recto, lo veréis enseguida.

d .... (Tomar, vosotros) también, unas servilletas, para no mancharos.

e .... (Mirar, tú), estoy jugando al videojuego que me han regalado, ¡es una pasada! ¿Quieres jugar conmigo? .... (Tener, tú) el otro mando.

Cuaderno de ejercicios p. 6 a 8

Y ADEMÁS...

1 **Hoy es jueves y Carlos y Santi hablan de los planes para el próximo fin de semana. Escucha la conversación y di qué hará Carlos el fin de semana si no va a la sierra.**

2 **Ahora lee el mensaje que le escribió Carlos a Santi el domingo por la noche y escribe los signos de puntuación que faltan (. , ... : ¡! ¿?).**

facebook®

Carlos | inicio

Carlos hoy

Hola Santi
Qué tal el finde
Perdona por no haberte llamado para quedar pero es que al final me fui a la sierra y como allí no había cobertura no te pude llamar Dónde fuisteis el sábado Estuvisteis al final en el parque donde fuimos la última vez Cómo os lo pasasteis Yo he estado todo el finde muy tranquilo montando en bici haciendo senderismo y disfrutando del paisaje Ya ves dos días enteros sin chatear sin conectarme a internet y sin entrar en mi facebook me pregunto quién me habrá escrito ojalá que Cristina
Oye al final fuiste el domingo con Jaime a jugar al tenis es que como yo no podía ir me dijo que te llamaría a ti
Por cierto tenemos que hablar ya de la fiesta de Ana aún no sé quién va a ir
Bueno mañana hablamos :P

3 **¿Quién sabe más sobre cultura española? En parejas, haceos preguntas alternativamente. Cada respuesta acertada vale un punto. Gana el que más puntos consiga.**

Alumno A

1. ¿En qué comunidad española puedes visitar la Ciudad de las Artes y las Ciencias, ir a la fiesta de las Fallas y comer paella?
   a Cataluña. **b** Valencia. **c** Andalucía.
2. ¿Qué son las rancheras?
   a Canciones. **b** Un plato típico. **c** Fiestas.
3. ¿Qué son Timanfaya y Doñana?
   a Pueblos. **b** Ríos. **c** Parques naturales.
4. ¿Qué tipo de historia termina con una moraleja y sus personajes son animales?
   a Una fábula. **b** Una leyenda. **c** Un cuento.
5. ¿Quién escribió el *Quijote*?
   a Lorca. **b** Cervantes. **c** Góngora.
6. ¿Qué pueblo llegó a la península ibérica en el año 218 a. C.?
   a Los visigodos. **b** Los romanos. **c** Los musulmanes.

Alumno B

1. ¿En qué provincia de España puedo visitar la Alhambra, comer tapas y esquiar?
   a Barcelona. **b** Ibiza. **c** Granada.
2. ¿En qué comunidad española termina el Camino de Santiago?
   a Andalucía. **b** Galicia. **c** Valencia.
3. La historia de *Los amantes de Teruel* es...
   a una leyenda. **b** una fábula. **c** un cuento.
4. ¿En qué fiesta se corre delante de los toros?
   a Sanfermines. **b** Fallas. **c** Semana Santa.
5. ¿Las aventuras de qué capitán narró el escritor Arturo Pérez-Reverte?
   a Bardem. **b** Alatriste. **c** Mío Cid.
6. ¿Cuál es el pico más alto de España?
   a Aneto. **b** Mulhacén. **c** Teide.

Unidad 1
DE CINE

Comunicación
- Expresar curiosidad, incredulidad, sorpresa y dar información
- Expresar finalidad y causa de una acción

Vocabulario
- El cine y el teatro
- Géneros de cine

Gramática
- Revisión de pasados
- Pretérito pluscuamperfecto

Pronunciación y ortografía
- La letra *h*

Sesión de cine
- *El taller de teatro*

Cultura
- Breve historia del cine español

Literatura
- Federico García Lorca

¿Qué ves?

1 **Observa la imagen. ¿Qué está haciendo? ¿Dónde crees que está? Habla con tus compañeros.**

2 **En parejas, fijaos en las imágenes: ¿Qué veis? ¿Reconocéis algo? ¿Qué creéis que pueden tener todas ellas en común?**

1

2

3

4

3 **Relaciona cada titular con las imágenes anteriores.**

a) COMIENZA EL CICLO DE TEATRO CLÁSICO EN EL MEJOR ENTORNO HISTÓRICO

b) ESTE AÑO LAS ACTIVIDADES EXTRAESCOLARES CON MÁS PARTICIPACIÓN HAN SIDO LOS TALLERES DE CINE Y TEATRO

c) LA NOCHE DEL CINE ESPAÑOL SE VISTE DE GALA

d) NUNCA ANTES UN DIRECTOR ESPAÑOL HABÍA PISADO TANTAS VECES LA ALFOMBRA DE HOLLYWOOD

Comenzamos con un diálogo

4 **4** **Escucha el diálogo y completa.**

Ricardo: ¿Te has enterado de los talleres de este curso? **a** .... van a ser totalmente diferentes.

Daniela: **b** ....

Ricardo: Pues **c** .... han contratado a dos famosos para organizar un taller con el Departamento de Literatura.

Daniela: **d** .... Dos famosos trabajando en un instituto...

Ricardo: Ya, tía, pero, **e** ...., a estos los han elegido por su relación con la cultura y por su carrera profesional. He oído que son amigos de Paco, el de Literatura, parece que se conocieron cuando trabajaban juntos en una escuela de idiomas, creo que enseñaban español.

Daniela: **f** .... Dos profesores famosos, **g** .... Pero, **h** ...., que **i** .... ¿De qué es el taller? ¿Quién lo va a impartir?

Ricardo: **j** ...., es un taller de cine y teatro.

Daniela: **k** ....

Ricardo: La parte de cine la va a impartir la directora y guionista Anamar Orson y la parte de teatro el actor Cristian Pascual.

Daniela: **l** .... Pero si los dos son conocidísimos... ¡Cristian Pascual en el instituto! **m** .... **n** ....

Ricardo: Sí, Daniela, sí, hablo en serio, aunque si quieres, llamamos para preguntar al Departamento de Literatura, porque no estoy demasiado seguro.

4 **5** **Contesta verdadero (V) o falso (F). Después, escucha de nuevo y comprueba.**

a Daniela y Ricardo están hablando del nuevo profesor de Literatura. (V) (F)

b Ricardo ha oído que este año van a tener un taller de cine y teatro. (V) (F)

c El taller lo va a impartir un importante director de cine. (V) (F)

d El taller lo va a organizar el profesor de Literatura con dos amigos que son muy famosos. (V) (F)

6 **Relaciona las frases que aparecen en el diálogo anterior con lo que expresan.**

1 Pregunta si alguien conoce una información. •	• **a** ¡Qué fuerte!
2 Informa de algo con seguridad. •	• **b** ¿Te has enterado de...?
3 Expresa sorpresa por lo que dice otra persona. •	• **c** Hablo en serio.
4 Expresa interés o curiosidad por lo que dice otra persona. •	• **d** ¡Anda ya!
5 Expresa que no cree lo que dice otra persona. •	• **e** Cuenta, cuenta...
6 No dice quién le ha contado esa información. •	• **f** Según dicen...

Actividades interactivas

Hablar por hablar COMUNICACIÓN

EXPRESAR CURIOSIDAD, INCREDULIDAD, SORPRESA Y DAR INFORMACIÓN

- Para expresar:
- Para comenzar a dar:

Sorpresa positiva o negativa	Incredulidad o contrariedad	Interés, curiosidad o pedir más información	Una información sin hablar de la fuente
– ¡Qué guay! – ¿Y eso?	– Imposible. – ¡Anda ya! – Qué raro... – Qué extraño...	– Cuenta, cuenta... – Estoy intrigadísimo/a – Dime, dime...	– Al parecer/Parece que... – He oído que... – ¿Te has enterado de que...? – Según dicen...
– ¡No me lo puedo creer! – ¡No me digas! – ¿Hablas en serio? – ¡Qué fuerte!			

1 **Fíjate en las imágenes y reacciona ante esas situaciones con las expresiones anteriores. Justifica tus reacciones, ya que pueden ser varias.**

a ....

b ....

c ....

d ....

e ....

f ....

2 **Crea tres situaciones similares a las anteriores para que reaccione tu compañero/a.**

3 **Tienes que contar la siguiente información, pero no quieres decir quién te lo ha dicho, ni dónde, ni cómo te has enterado. Sin embargo, tu información proviene de:**

a Un programa de radio que iba escuchando el conductor del bus sobre una nueva ley reguladora de internet que permite todo tipo de descargas.

b Dos portadas de periódicos, una noticia de televisión y un comentario en el ascensor sobre la boda de un futbolista con una famosa modelo.

c Dos chicas de un curso superior que comentan lo divertido que es el nuevo profesor de Español que tu grupo va a tener este curso.

Cuaderno de ejercicios p. 9

EXPRESAR FINALIDAD Y CAUSA DE UNA ACCIÓN

Por

- Con ***por*** expresamos:
  - **Causa** por la que se realiza una acción:
    – *A estos famosos los han elegido **por** su relación con la cultura y **por** su carrera profesional.*
- Otros usos:
  - **Aproximación temporal y espacial:**
    – *Los Beatles triunfaron **por** los sesenta.*
    – *Ana ha viajado **por** muchos países.*
  - **Medio de comunicación** (teléfono, correo electrónico, fax):
    – *Me enteré del premio de Ana **por** la tele.*
  - **A través de:**
    – *Cuando miré **por** la ventana estaba lloviendo.*
  - **Frecuencia:**
    – *Vamos al cine dos veces **por** semana (dos veces a la semana).*

> !
> – *Llegó tarde **por** estar en un atasco.*
> – *Llegó tarde **porque** estuvo en un atasco.*
> – ***Como** estuvo en un atasco, llegó tarde.*

Para

- Con ***para*** expresamos:
  - **Finalidad**, meta u objetivo por el que se realiza una acción:
    – *Han contratado a dos famosos **para** organizar un taller con el Departamento de Literatura.*
- Otros usos:
  - **Tiempo límite o plazo:**
    – *Los deberes son **para** el próximo lunes.*
  - **Destinatario:**
    – *Estos talleres son **para** estudiantes.*
  - **Opinión:**
    – ***Para** mí, las películas románticas son muy aburridas.*

> !
> – *Estudió **para** ser directora de cine.*
> – *Estudió **con el objetivo/el fin/la finalidad** de ser directora de cine.*

4 Selecciona la opción correcta.

a Creo que el hotel está **por** / **para** el centro.
b En vacaciones nos comunicamos **por** / **para** correo electrónico.
c **Por** / **Para** los españoles, reunirse **por** / **para** comer es muy importante.
d Tenemos que estar listos **por** / **para** las ocho.
e Gracias **por** / **para** todo, estas flores son **por** / **para** ti.
f Llamo **por** / **para** teléfono a mi abuela una vez **por** / **para** semana.
g No me sonó el móvil, es que estábamos pasando **por** / **para** un túnel.

5 Completa el siguiente cuestionario con *por* o *para*. Después, hazle las preguntas a tu compañero/a.

Alumno A

a ¿Qué haces .... mejorar tu español?
b .... ti, ¿qué es mejor: una película en tu casa o en el cine?
c ¿Has viajado mucho .... tu país?
d ¿Cómo te comunicas más con tus amigos: .... internet o .... teléfono?
e ¿.......... quién piensas que deberían ser los descuentos en los teatros y los cines?

Alumno B

a ¿Cuál es la mejor película .... ti?
b ¿Cómo sueles entregar los trabajos de clase: .... correo electrónico o .... escrito?
c ¿.......... quién piensas que se estrenan más obras de teatro?
d ¿.......... qué países te gustaría viajar?
e ¿Cuáles son los mejores consejos .... sacar buenas notas?

Cuaderno de ejercicios p. 9 a 11 Actividades interactivas

Palabra por palabra VOCABULARIO

El cine y el teatro

1 **¿Qué prefieres: el cine o el teatro? ¿Cuándo fuiste por última vez? ¿Qué obra de teatro o película viste? ¿Sobre qué trataba? ¿Te gustó? Habla con tu compañero/a.**

2 **Clasifica las siguientes palabras en el lugar correspondiente.**

escenario ▪ cámara ▪ actor ▪ corto ▪ director/a ▪ guion ▪ aplausos ▪ actriz ▪ decorado ▪ espectador/a ▪ premio ▪ escritor/a ▪ obra ▪ rodaje ▪ público ▪ taquilla ▪ telón ▪ película ▪ compañía ▪ cartelera ▪ efectos especiales ▪ festival ▪ séptimo arte ▪ cineasta ▪ argumento

Cine	Teatro	Cine y teatro

3 **Ahora, asocia estos verbos con sustantivos del cuadro anterior. Después, escribe la profesión o profesiones relacionadas con estos verbos.**

a Interpretar... → .... → ....
b Estrenar... → .... → ....
c Abrir... → *el telón* → *telonero*
d Rodar... → .... → ....
e Protagonizar... → .... → ....
f Escribir... → .... → ....

4 **Amplía tu vocabulario con palabras de la misma familia. Fíjate en el ejemplo.**

a Los **protagonistas** *protagonizan* una obra o película.
b Los **guionistas** escriben el .... de una película.
c El **telonero** abre el .... en el teatro.
d Los **decoradores** ganaron un premio por el .... de la obra.
e Javier Bardem, uno de los **intérpretes** de la película *No es país para viejos*, ganó un Óscar por su .... como Anton Chigurh.
f Los espectadores **aplaudieron** a todos los actores de la obra, pero la actriz principal recibió los .... más fuertes.

Cuaderno de ejercicios p. 11 y 12

Géneros de cine

comedia

drama

histórica

romántica

ciencia ficción

acción

denuncia social

terror

independiente

aventuras

5 **Completa estas opiniones sobre el cine con las palabras de arriba.**

1 No me gusta ir al cine para ver historias de amor tontas. Odio esas películas **a** .... tan típicas del cine comercial como *3 metros sobre el cielo.* Prefiero sufrir un poco con las historias tristes y realistas de los **b** .... o de las duras películas del cine de **c** .... como *También la lluvia,* donde se habla sobre la eterna opresión de los poderosos sobre los débiles en cualquier época o contexto. Bueno, y también me gustan las películas **d** .... como *Ágora,* donde puedes aprender sobre lo que sucedió en otras épocas sin tener que estudiar.

2 A mí me encanta morirme de miedo viendo una peli de **e** .... como *Rec,* o imaginar mundos de fantasía con una película de **f** .... como *Verbo,* o de **g** .... de personajes como *Águila Roja.* Otra opción para un viernes por la noche es partirse de risa con una buena **h** .... como *Familia.* Las carcajadas son muy buenas para la salud, por eso no me gustan las películas lacrimógenas.

3 Cuando voy al cine prefiero no pensar demasiado y pasar un buen rato, por eso no entiendo a la gente que odia el cine comercial. Dicen que el cine **i** .... es muy artístico, pero muchas personas creemos que es demasiado serio y aburrido. En general, me gusta mucho el cine comercial, excepto las películas de **j** .... como *Celda 211,* creo que son demasiado violentas.

6 **Vuelve a leer los textos y busca expresiones con estos significados.**

a Reír mucho: ....

b Sonido que hacemos al reír: ....

c Divertirse: ....

d Pasar mucho miedo: ....

e Película que hace llorar: ....

7 **Elige el significado adecuado para cada expresión.**

1 ▸ ¿Qué tal los exámenes?
▹ ***Me ha ido de cine***.

a Me ha ido muy bien y lo he aprobado todo.

b Los resultados han sido normales.

2 ¿Vas a invitar a Matilde a tu fiesta? Es muy ***cómica***.

a Es muy famosa.

b Es muy graciosa y divertida.

3 ¡No ***hagas un drama***! Solo era un móvil.

a No exageres.

b No te preocupes.

4 Carmen ***es muy protagonista***.

a Siempre quiere ser el centro de atención.

b Quiere ser actriz.

5 Carlos es ***un peliculero***.

a Rueda películas.

b Es un poco mentiroso y exagerado.

Cuaderno de ejercicios p. 12 y 13 · Actividades interactivas

Paso a paso GRAMÁTICA

REVISIÓN DE PASADOS

REPASO

- Recuerda que usamos:

....	....	....
• Para hablar de una acción terminada en un periodo de tiempo terminado sin relación con el presente: – *Anamar **volvió** de Venecia anoche.*	• Para describir personas, cosas y situaciones pasadas y para hablar de hábitos en el pasado: – *Cuando **vivían** en Madrid trabajaban juntos.*	• Para hablar de acciones terminadas en un pasado reciente o en un periodo de tiempo no terminado: – *Este año Anamar **ha ganado** dos premios.*

Videogramas

1 **Ayer Cristian llamó a Anamar y le dejó un mensaje en el contestador. Lee lo que le dijo y completa los espacios con los marcadores del recuadro.**

en ese momento ▪ otra cosa ▪ entonces ▪ luego ▪ el otro día

¡Anamar! Te he llamado mil veces esta semana. ¿Todavía no has vuelto de Berlín? Mira, te llamo para contarte que **a** .... quedé con Paco para tomar una caña y me propuso colaborar en un taller de cine y teatro en su instituto. Yo acepté y **b** .... me sugirió organizarlo contigo. **c** .... dije que estabas muy ocupada, pero **d** .... pensé: *Solo van a ser cuatro semanas y siempre te ha encantado trabajar con jóvenes...* Ah, **e** ...., la respuesta tiene que ser urgente. Paco necesita confirmar nuestra colaboración para empezar a organizarlo.

5 **2** **Ahora escucha el mensaje y comprueba.**

3 **Completa este cuadro con los marcadores de la actividad anterior.**

MARCADORES DEL RELATO

- Sirven para indicar aproximadamente cuándo sucede una acción: ***una vez***, ***hace unos días/meses/minutos/años***..., ***un día***, ...
- Sirven para dar continuidad y hacer avanzar la historia: ***al principio***, ***después***, ***a continuación***, ***más tarde***, ***unos momentos después***, ...
- Sirven para añadir, puntualizar o especificar alguna información adicional: ***por cierto***, ...

4 **Crea un diálogo entre Anamar y Cristian e interprétalo con un compañero/a. Tu profesor/a te dará toda la información para cada intervención.**

Cuaderno de ejercicios p. 13 a 15

PRETÉRITO PLUSCUAMPERFECTO

(1) *Anamar llegó a Madrid a las 19:00.*

(2) *Cristian dejó el mensaje a las 19:30.*

- **Fíjate:** *Cuando Cristian dejó el mensaje, Anamar* ***ya había llegado*** *a Madrid.*
- El **pretérito pluscuamperfecto** se usa para hablar de hechos terminados en un momento anterior a otro momento en el pasado.

yo	**había**	
tú	**habías**	
él, ella, usted	**había**	llegado
nosotros/as	**habíamos**	comido
vosotros/as	**habíais**	vivido
ellos, ellas, ustedes	**habían**	

Para otros usos, ver **Apéndice gramatical** p. 118

Videogramas

5 **Fíjate en la trayectoria de Anamar, una de los ponentes del taller de teatro, y completa las siguientes frases empleando el pretérito indefinido o el pretérito pluscuamperfecto.**

Bienvenidos | Sobre mí | Descripción | Perfil

Anamar ORSON

- Nació en Valencia, en 1970, donde vivió hasta que comenzó sus estudios universitarios en Barcelona.
- Terminó la carrera de Filología Clásica en 1992.
- Se mudó a Roma en 1993 y dos años después comenzó un máster en cine y televisión que terminó en 1998.
- En 1999 regresó a España, realizó un curso para enseñar español a extranjeros y comenzó a trabajar en una escuela de idiomas de Madrid.
- En el año 2001 escribió su primer guion para una miniserie de Telemadrid, lo firmó con el apellido de origen irlandés de su madre y, desde entonces, comenzó a llevar ese apellido.
- Rodó su primer corto en el año 2003, por el que recibió el premio del Festival de Cine de San Sebastián.
- En febrero de 2005 dejó la escuela. Un mes después, empezó a rodar *Laberinto*, su primera película premiada con dos goyas a la mejor película y al mejor actor revelación.

a Cuando Anamar .... (escribir) su primer guion en el año 2001, ya .... (comenzar) a trabajar en una escuela.

b Antes de rodar su primera película, Anamar ya .... (escribir) un guion para Telemadrid.

c Cuando .... (terminar) de rodar *Laberinto* en marzo de 2005, Anamar ya .... (dejar) la escuela de idiomas.

d Cuando Ana .... (hacerse) famosa por su primera película, ya .... (cambiarse) el apellido.

Cuaderno de ejercicios p. 15 y 16 Actividades interactivas

Suena bien

PRONUNCIACIÓN Y ORTOGRAFÍA

La letra *h*

- En español la letra ***h*** no se pronuncia nunca: *hola, hoy, hablar...*
- Se escriben con ***h***:
  - Las palabras que empiezan por ***hue-***, ***hie-***, ***hui-***: *huevo, hierba, huida...*
  - Las palabras que empiezan por los prefijos ***hidro-***, ***hiper-***, ***hipo-***, ***helic-***, ***homo-***, ***hetero-***: *hidrógeno, hipermercado, hipopótamo, hélice, homogéneo, heterogéneo...*
  - La mayoría de las palabras que empiezan por ***hosp-***, ***horm-***, ***horn-***, ***herm-***, ***hern-***: *hospital, hormiga, horno, hermético, hernia...* Hay excepciones como: *Ernesto, ermita.*
  - Otras palabras se escriben con ***h*** por derivación de palabras de la misma familia: *habitante, habitar, habitación...*

1 **Usa el diccionario y completa el cuadro con nuevas palabras.**

hue-	hie-	hidro-	hiper-

LA LETRA *H* EN PALABRAS HOMÓFONAS

- Existe un grupo de expresiones que suenan igual, pero que tienen significados diferentes:
  - ***a*** (preposición) / ***ha*** (verbo *haber*)
    *Voy **a** la estación.* *No **ha** llegado el tren.*
  - ***ay*** (exclamación) / ***hay*** (verbo *haber*) / ***ahí*** (adverbio)
    *¡**Ay**! Me he golpeado con esa mesa que **hay** que quitar de **ahí**.*
  - ***haber*** (verbo) / ***a ver*** (preposición + verbo)
    *Este curso no va a **haber** excursión. **A ver** qué hacemos.*
  - ***hecho*** (verbo *hacer*) / ***echo*** (verbo *echar*)
    *He **hecho** un café. Siempre le **echo** dos cucharadas de azúcar.*
  - ***hola*** (saludo) / ***ola*** (movimiento del agua del mar)
    *¡**Hola**! ¿Qué te ha pasado?* *Estaba en la orilla, vino una **ola** y me mojó.*

6 **2** **Completa con las palabras homófonas anteriores. Después, escucha y comprueba.**

a Mónica .... vuelto .... Madrid.

b Ven .... estos libros de cine tan chulos, creo que los van .... vender todos y no va .... haber más hasta el próximo mes.

c ¡.................... Isaac! Quita el portátil de ...., ¿no ves que no .... espacio suficiente?

d ¡..............., Sergio! ¿Has visto qué .... tan buenas .... para hacer surf?

e Otra vez he .... una tortilla horrible, siempre le .... demasiada sal.

Cuaderno de ejercicios p. 16 Actividades interactivas

Sesión de cine

VÍDEO

EL TALLER DE TEATRO

SINOPSIS

Dos estudiantes van a recibir una visita muy especial en su escuela y van a hacer algo que se sale de la rutina diaria de clases y deberes. ¿Qué será?

1 Fíjate en estas imágenes del vídeo y responde a las preguntas.

a Estos dos estudiantes conocen en su escuela a dos personas famosas. ¿Qué crees que hacen dos famosos en una escuela?

b Mira estas dos imágenes. Intenta descubrir a qué se dedican estos dos famosos.

c ¿Alguna vez has recibido en tu escuela una clase especial o diferente? Habla con tu compañero/a.

2 Observa el vídeo y haz las actividades que te va a repartir tu profesor/a.

Secuencia de vídeo

Actividades interactivas

Mundo hispano

Cultura

BREVE HISTORIA DEL CINE ESPAÑOL

1 **Lee estos textos y ordénalos por orden cronológico.**

a ▢ ....

Tras la muerte de Franco en 1975 y el inicio de la transición a la democracia, comenzó un importante periodo de libertad artística.
Sin embargo, en los años setenta el cine español sufrió una profunda crisis por la falta de infraestructuras. De esta época se recuerdan películas de reconocidos cineastas como Elías Querejeta y Pilar Miró, entre otros.
A partir de los años ochenta comienza un gran periodo para el cine español: directores como Pedro Almodóvar, José Luis Garci, Bigas Luna y Montxo Armendáriz, entre otros, iniciaron en estos años sus carreras y las desarrollaron con éxito nacional e internacional durante la década posterior.
Además, en 1986 se fundó la Academia de las Artes y las Ciencias Cinematográficas, organismo encargado de la organización de los famosos premios Goya y que ha promocionado y difundido los méritos del cine producido en este país.
En la actualidad, son muchos los directores españoles con éxito y reconocimiento internacional. Junto a los anteriormente nombrados, triunfan películas de Alejandro Amenábar, Julio Médem, Fernando León de Aranoa e Isabel Coixet.

b ▢ ....

El cine producido durante el franquismo fue, en general, un medio de propaganda de las ideas políticas, morales y religiosas oficiales. Las películas contrarias a la dictadura se censuraban o, simplemente, se prohibían. Florecieron las películas religiosas, las comedias y las películas de heroína folclórica o niños prodigio. En todas se exageraban los rasgos estereotípicos españoles y se defendían los valores políticos y religiosos del franquismo. A pesar de esta difícil situación, hubo casos de excepcionales directores como Luis García Berlanga y Juan Antonio Bardem, que consiguieron burlar la moral oficial rodando brillantes películas con influencia del realismo italiano de los años cincuenta, por ejemplo, *Bienvenido Mister Marshall*, de Luis García Berlanga (1953).

c ☐ ....

El 11 de octubre de 1896 Eduardo Jimeno Correas filmó *Salida de la misa de doce del Pilar de Zaragoza* con la primera cámara Lumière que un año antes había comprado en Lyon, Francia. Un año después, el barcelonés Fructuós Gelabert rodó *Riña en un café*, la primera película española con argumento. Posteriormente, el siglo XX comenzó con una producción de cine casi inexistente hasta finales de los años 20, época de vanguardias artísticas en Europa. Surgió así el cine experimental, representado por directores como Luis Buñuel que, con impactantes películas como *Un perro andaluz*, consiguió el prestigio internacional y cierto escándalo en España.

d ☐ ....

Cuando en 1928 llegó el cine sonoro a España, pocas productoras habían desarrollado medios técnicos para realizar películas. Esto provocó una crisis en la producción de trabajos cinematográficos, basados principalmente en adaptaciones literarias y alguna película experimental. De esta época destaca un buen número de documentales sobre la agitación social y política de los primeros años 30. La llegada de la Guerra Civil produjo una lógica crisis cinematográfica por la destrucción de los estudios y la confiscación de cintas del momento. El final de la guerra, con la victoria fascista del franquismo, inició una política de represión ideológica que afectó a todos los campos artísticos; así, en 1945, se quemaron todos los trabajos que se habían confiscado y numerosos cineastas brillantes tuvieron que exiliarse para poder seguir trabajando con libertad.

2 **Ahora, escribe estos títulos en su texto correspondiente.**

- Cine y Guerra Civil.
- El cine español y la Dictadura.
- Los inicios.
- El cine español después de la Transición.

3 **Busca en los textos las frases donde se recogen estas afirmaciones.**

a Las películas de Buñuel tuvieron proyección internacional, pero no se entendieron muy bien en España.
➔ ....

b El ejército fascista retiró las películas y destruyó estudios cinematográficos.
➔ ....

c Muchos de los mejores directores huyeron al extranjero por miedo a la represión.
➔ ....

d El régimen franquista vigiló y controló las actividades cinematográficas.
➔ ....

e La película *Bienvenido Mister Marshall* no fue censurada.
➔ ....

CINE | ¡ESTÁ DE MODA!

El cine en español, y en especial el mexicano, tiene cada vez más presencia en los festivales y cines internacionales y, sin duda, el director más destacado del nuevo cine mexicano es Guillermo del Toro, que supo que quería dedicarse al cine desde niño, cuando veía las películas de animación japonesas. Cuando estudiaba en el instituto comenzó a filmar y a los 21 años rodó su primera película. En esa época también fundó el Festival de Cine de Guadalajara. Del Toro ha filmado películas basadas en cómics, de terror, históricas, de ciencia ficción... Sus dos películas más queridas son *El laberinto del fauno* y *El espinazo del Diablo*, porque le dieron a conocer en muchos países y le permitieron trabajar en proyectos más ambiciosos e interesantes. En 2017 produjo una fantasía romántica titulada *La forma del agua*, con la que consiguió cuatro premios Óscar.

Guillermo del Toro, en la presentación de la película *Don't be Afraid of the Dark*.

Cuaderno de ejercicios p. 16 y 17 · Actividades interactivas

Érase una vez... LITERATURA

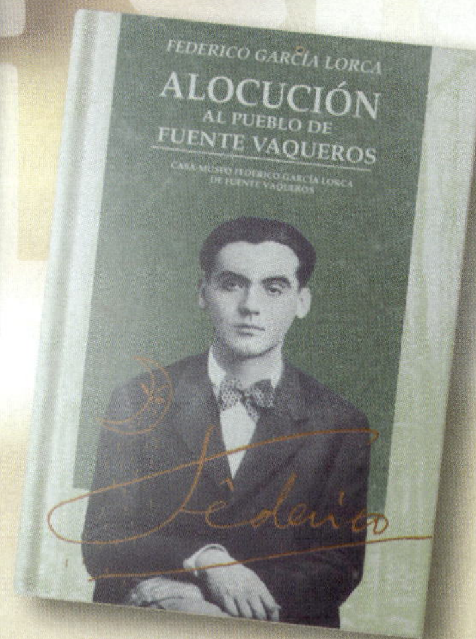

Federico García Lorca

Federico García Lorca fue un escritor andaluz perteneciente a la Generación del 27, **(1)**. La mayoría de los miembros del grupo estudió la obra de los clásicos españoles, publicó en las mismas revistas, vivió en la Residencia de Estudiantes y cultivó una literatura basada en la mezcla de lo popular y de lo culto, de lo tradicional y de lo moderno, mirando tanto a su entorno español como al ámbito universal.

Lorca, como casi todos sus compañeros, apoyó públicamente las reformas democráticas de la Segunda República, en especial las dedicadas a la cultura y la educación, **(2)**.

En aquella época, Lorca viajó también a Nueva York y Argentina, país en el que continuó con sus obras de teatro.

Durante los tres años que duró la guerra civil española y tras la victoria de Franco en 1939, muchos escritores tuvieron que huir al extranjero por miedo a la represión. **(3)**.

Sus libros de poemas más conocidos son *Romancero Gitano* (1928), *Poeta en Nueva York* (1930) y *Poema del cante jondo* (1931). **(4)** (en todas se producen conflictos entre las normas establecidas y la libertad). Sus temas son el amor, la muerte, el destino, la soledad, la frustración, la tradición, el campo... Sus personajes favoritos: la mujer, los gitanos, los niños y los marginados. Escribió con un estilo cuidado, tradicional y vanguardista al mismo tiempo, **(5)**.

1 **Las siguientes frases están extraídas del texto que acabas de leer. Escribe al lado de cada una el número del lugar en el que deberían aparecer.**

a Sus obras de teatro más famosas son *Bodas de sangre* (1933), *Yerma* (1934) y *La casa de Bernarda Alba* (1936) ➜ ....

b un grupo de escritores que compartieron experiencias y características literarias comunes. ➜ ....

c y su lenguaje sigue siendo muy investigado por sus enigmáticos símbolos: la luna, el caballo, el agua, los gitanos... ➜ ....

d Federico García Lorca no tuvo tanta suerte, murió asesinado en 1936, el mismo año en el que estalló la guerra. ➜ ....

e y fundó la compañía teatral La Barraca, con la que estuvo dirigiendo e interpretando diversas obras de teatro del Siglo de Oro por distintas ciudades y pueblos de toda la geografía española. ➜ ....

(7) **2** **Escucha estos fragmentos y relaciónalos con la obra de teatro de Federico García Lorca a la que pertenecen.**

a

Señora: Niña, dame un abanico.

Amelia: Tome usted. (*Le da un abanico redondo con flores rojas y verdes.*)

Señora: (*Tirando el abanico al suelo*) ¿Es este el abanico que se da a una viuda? Dame uno negro y aprende a respetar el luto de tu padre.

Martirio: Tome usted el mío.

Señora: ¿Y tú?

Martirio: Yo no tengo calor.

Señora: Pues busca otro, que te hará falta. En ocho años que dure el luto no ha de entrar en esta casa el viento de la calle. Haceros cuenta que hemos tapiado con ladrillos puertas y ventanas. Así pasó en casa de mi padre y en casa de mi abuelo.

b

Chica joven y guapa:
¡Ay, qué prado de pena!
¡Ay, qué puerta cerrada a la hermosura!,
que pido un hijo que sufrir, y el aire
me ofrece dalias de dormida luna.
Estos dos manantiales que yo tengo
de leche tibia, son en la espesura
de mi carne, dos pulsos de caballo
que hacen latir la rama de mi angustia.
¡Ay, pechos ciegos bajo mi vestido!
¡Ay, palomas sin ojos ni blancura!
¡Ay, qué dolor de sangre prisionera
me está clavando avispas en la nuca!
Pero tú has de venir, amor, mi niño,
porque el agua da sal, la tierra fruta,
y nuestro vientre guarda tiernos hijos
como la nube lleva dulce lluvia.

.... ***Yerma***

Obra teatral de Federico García Lorca que narra la historia de Yerma, una joven campesina que sufre porque desea tener un hijo. La directora Pilar Távora adaptó la obra y en 1999 se estrenó en el cine.

.... ***La casa de Bernarda Alba***

Fue la última obra de teatro de Lorca. En ella, Bernarda, mujer tradicional y autoritaria, encierra a sus hijas jóvenes en casa tras la muerte de su marido.

La obra fue llevada al cine en 1987 por el director Mario Camús.

3 **Contesta a estas preguntas.**

a ¿Cómo se llaman los personajes presentados como “Señora” y “Chica joven y guapa”?
➜ ....

b ¿Qué características de la obra de Lorca observas en los textos?
➜ ....

c ¿Qué tienen en común ambas obras?
➜ ....

Actividades interactivas

Prueba de comprensión de lectura

1 **Lee el siguiente texto sobre un certámen cinematográfico y marca la opción correcta.**

XII EDICIÓN DE JÓVENES TALENTOS CINEMATOGRÁFICOS

Una apuesta por el cine más actual

El pasado 4 de marzo se celebró el duodécimo certamen de jóvenes talentos cinematográficos. Al evento asistieron no solo directores y actores noveles, sino que contó con la presencia de un buen número de veteranos que acudieron a interesarse por el trabajo de las nuevas generaciones.

Este año la Academia de las Artes y las Ciencias Cinematográficas de España, organismo dependiente del Ministerio de Cultura, ha contado con un presupuesto mucho más bajo que en años anteriores, por lo que, después de unos meses de muchas dudas, ha conseguido celebrar su duodécima edición con la ayuda de la publicidad de empresas privadas.

En la apertura del acto la presentadora, Amelia Guillén, agradeció la colaboración de estas empresas patrocinadoras y pidió al público un fuerte aplauso para los más de 300 candidatos a los diferentes premios.

Antes de entregar el primer premio, Amelia Guillén dedicó unas palabras a todos los profesionales anónimos del séptimo arte, técnicos de sonido, cámaras, maquilladores, decoradores..."todos ellos absolutamente imprescindibles, pero invisibles para la gran mayoría del público", señaló la presentadora.

1 Al certamen acudieron...
- a actores y directores jóvenes únicamente.
- b actores y directores de diferentes generaciones.
- c actores y directores de diferentes partes del mundo.

2 Este año el certamen ha estado en peligro...
- a por las pocas ayudas recibidas del Estado.
- b porque había pocas empresas patrocinadoras.
- c por la falta de candidatos.

3 La presentadora del certamen...
- a pidió un gran aplauso a los profesionales anónimos.
- b se emocionó al entregar el primer premio.
- c reconoció el trabajo de profesionales del cine no conocidos por el público.

Cuaderno de ejercicios p. 17 a 19 Actividades interactivas

¡Me lo sé!

EVALUACIÓN

1 Relaciona.

__/4

1 Los materiales del taller son gratis.
2 ¡Han robado las cámaras del taller!
3 Han publicado las notas del examen de español.
4 Te aseguro que te envié el correo. ¿De verdad que no lo has recibido?

☐ a ¡Qué fuerte! Si las compraron ayer.
☐ b No, ¡qué raro!
☐ c ¡Qué guay!
☐ d ¡Anda ya! Si lo hicimos ayer...

2 Decide si son correctos los usos de *por* y *para*.

__/5

a El estreno de su primera película fue *para* mayo. Sí No
b Mis padres van al cine una vez *por* semana. Sí No
c Mi sueño es poder viajar *para* el mundo. Sí No
d Gracias *para* todo. Sí No
e Es una película muy fuerte, no es muy adecuada *para* todas las edades. Sí No

3 Escribe los verbos entre paréntesis en el tiempo de pasado correcto.

__/16

Cristian **a** .... (nacer) en 1971 en Bilbao, ciudad en la que **b** .... (realizar) sus estudios de Bellas Artes. Tres meses antes de terminar la carrera, **c** .... (decidir) su profesión, quería ser actor y **d** .... (mudarse) a Londres para perfeccionar su inglés y estudiar interpretación. Durante el tiempo en que **e** .... (vivir) en Londres, por las mañanas **f** .... (estudiar) Arte Dramático y por las tardes **g** .... (enseñar) español. Encontró ese trabajo con la ayuda de Paco, un profesor de español que **h** .... (conocer) antes de subir al avión en Madrid. En 1999 **i** .... (trasladarse) a Madrid, donde **j** .... (continuar) trabajando como profesor de español, de nuevo con Paco, que ya **k** .... (regresar) a España un año antes. En la escuela **l** .... (conocer) a Anamar y en el año 2002 **m** .... (actuar) por primera vez en una serie de televisión que **n** .... (escribir) Anamar el verano anterior. Por esta serie se hizo muy famoso y desde entonces no **ñ** .... (parar) de trabajar en cine, televisión y teatro. De hecho, se rumorea que últimamente **o** .... (recibir) varias ofertas de algunos de los directores más prestigiosos del mundo del cine.

4 Completa estas frases con una palabra o expresión relacionada con el cine y el teatro.

__/5

a Una persona que a menudo no dice la verdad es un/a ....
b Un tipo de cine más relacionado con el arte que con la taquilla es el cine ....
c Cuando he tenido un gran día o todo me ha salido bien, digo que me ha ido ....
d Cuando vamos al cine para ver una comedia, podemos escuchar muchas ....
e Para comprar las entradas de una película o una obra, tienes que pasar por la ....

Ahora soy capaz de...

a ...expresar sorpresa y curiosidad en español. Sí No
b ...expresar finalidad y causa. Sí No
c ...hablar de acciones pasadas anteriores a otras pasadas. Sí No
d ...hablar del cine español. Sí No

Sigue practicando con... Spanish Blogger Misión 19

Actividades interactivas

Unidad 2

¡SUPERESPACIO!

Comunicación
- Pedir y dar consejos o recomendaciones
- Pedir permiso y favores
- Expresar probabilidad o hipótesis en el pasado

Vocabulario
- La comida
- ¡A cocinar!

Gramática
- Condicional simple

Pronunciación y ortografía
- La letra *y*
- La letra *x*
- La cursiva

Sesión de cine
- *Tienes que estudiar más*

Cultura
- Cuidamos nuestra salud

Literatura
- José Lezama Lima, *Paradiso*

¿Qué ves?

1 **Fíjate en la imagen y elige la opción correcta.**

1 La imagen representa...
- **a** una revista de moda.
- **b** una revista de cocina.
- **c** una revista para jóvenes.

2 ¿Qué tipo de programa crees que es *Amor en directo*? Un programa...
- **a** para encontrar pareja.
- **b** de canciones de amor.
- **c** de cotilleos de amor.

3 Maruchi es...
- **a** actriz.
- **b** cocinera.
- **c** bailarina.

4 Mónica Pérez es...
- **a** una famosa actriz.
- **b** una cocinera.
- **c** la participante de un concurso para encontrar pareja.

2 **Lee el texto y descubre a qué fotografía de la revista se refiere.**

Parece ser que el amor está en el aire. Varios rumores circularon días atrás sobre la famosa pareja, aunque esta foto parece confirmar que se aman.

a ☐ b ☐ c ☐ d ☐

Comenzamos con un diálogo

8 **3** **Escucha el diálogo y contesta a las preguntas.**

		Carla	Lucía
a	¿Quién está muy "enamorada" de Maxi Castro?	◯	◯
b	¿Quién sabe más sobre la vida de Mónica Pérez?	◯	◯
c	¿A quién no le gusta la comida sana?	◯	◯
d	¿Quién pide ayuda para contestar un test?	◯	◯
e	¿Quién cree que la entrevista tiene mucha información sobre la vida de Maxi?	◯	◯

4 **Ahora lee el diálogo y contesta verdadero (V) o falso (F). Corrige las afirmaciones falsas.**

Lucía: Mira las fotos que trae esta semana la *SuperEspacio*. ¡Hay una entrevista a Maxi Castro!

Carla: ¿Maxi Castro? Déjame ver... Yo estoy enamoradísima de ese actor... Es tan guapo y tan simpático.

Lucía: Mira... también viene un test para saber si conoces bien la vida de Maxi... Y si aciertas todas las preguntas, participas en el sorteo de un viaje a París, la ciudad del amor. **¿Podrías ayudarme?**

Carla: Claro, yo conozco todos los secretos de la vida de Maxi. De todos modos, **yo que tú,** primero **leería** la entrevista y después **contestaría** el test. Seguro que esa entrevista contiene mucha información.

Lucía: ¿Has visto que aparece que Mario Medina y Mónica Pérez están juntos?

Carla: ¿Mónica Pérez es la actriz de la película *La soga*?

Lucía: Carla, **deberías estar más informada**... Es la actriz de la serie *Sombras*. Es la que hace el papel de mala.

Carla: Bueno, vale. También sale la cocinera esa de *Salud al día*, el programa de televisión... A mi madre le encanta y en casa nos lo pone todos los días.

Lucía: A mí no me saques de las hamburguesas y las patatas fritas. Odio las verduras.

Carla: ¿En serio? No me lo puedo creer. Pues **deberías comer** más verdura. Es muy buena para la salud.

a	Maxi Castro es un cantante muy famoso.	Ⓥ	Ⓕ
b	*Salud al Día* es un programa de cocina sana.	Ⓥ	Ⓕ
c	La actriz Mónica Pérez es protagonista en una serie de televisión.	Ⓥ	Ⓕ
d	La cocinera y el actor tienen un romance.	Ⓥ	Ⓕ

5 **En el diálogo aparecen frases destacadas en negrita con un nuevo tiempo: el condicional simple. ¿Para qué crees que se usan en cada caso? Relaciona.**

- a ▢ ¿**Podrías** ayudarme?
- b ▢ Yo que tú, **leería** la entrevista y después **contestaría** el test.
- c ▢ **Deberías** estar más informada...
- d ▢ **Deberías** comer más verdura.

1. Para dar un consejo o una recomendación.
2. Para pedir un favor.

Actividades interactivas

Hablar por hablar **COMUNICACIÓN**

PEDIR Y DAR CONSEJOS O RECOMENDACIONES

- Para **pedir consejos**:
  - *¿Qué puedo hacer?* – *¿Podrías aconsejarme?* – *¿Tú qué harías?*
- Para **dar consejos** o **recomendaciones**:
  - ***Yo/Yo que tú/Yo en tu lugar**, comería de una manera más saludable.*
  - ***Deberías/Podrías acostarte**. Es tarde.*
- Otras formas:
  - *¿**Y si** comes menos fritos?*
  - *¿**Por qué no** vas al médico?*
  - ***Coge** un taxi, llegarás más rápido.*
  - ***No fumes**. Te hace daño.*
  - *Juan y tú **tenéis que** ir a ver esa película. Es preciosa.*

1 **Maxi Castro va a rodar una nueva película y los productores han organizado un *casting* para encontrar a una chica "actual" que participe con él. Carla se ha apuntado a las pruebas, pero ahora está muy nerviosa y cree que lo hará fatal. ¿Puedes ayudarla dándole algunos consejos?**

a ...., me aprendería muy bien el papel.
b ¿Y si ....? Vais a ser muchos en el *casting*.
c ...., me tomaría una infusión relajante antes de la prueba.
d Deberías ....
e ...., intentaría llegar de las primeras, seguro que después están cansados de ver a tanta gente.
f ¿Por qué no ....? Tú lo haces muy bien y eso es un punto extra a tu favor.

2 **La cocinera Maruchi da a sus telespectadores algunos consejos para llevar una alimentación rica y saludable. Completa los diálogos con los siguientes verbos.**

podrías ▪ practicaría ▪ tomaría ▪ deberías ▪ comería ▪ harías ▪ disminuiría ▪ prepararía

a

Isabel: Maruchi, te veo todos los días, mi problema es que últimamente estoy engordando mucho, ¿tú qué **1** .... para adelgazar?
Maruchi: Yo que tú, **2** .... con moderación y **3** .... las comidas con aceite, preferentemente crudo. También **4** .... el consumo de azúcar y de sal.
Isabel: Uf... todo eso ya lo hago, pero engordo...
Maruchi: A lo mejor consumes más calorías de las que necesitas. En ese caso, yo en tu lugar, **5** .... ejercicio diariamente.

b

Alicia: Hola, Maruchi, me encanta tu programa. Mira, mi problema es que últimamente me encuentro muy cansada y, a veces, me duele la cabeza. El médico dice que estoy sanísima, pero yo me siento sin energías, ¿**6** .... darme algunos consejos?
Maruchi: Alicia, querida. ¿Seguro que te alimentas bien? En primer lugar, **7** .... incluir legumbres y frutos secos en tu dieta. Para el dolor de cabeza, yo que tú, **8** .... abundante cantidad de agua durante todo el día.

9 **3** **Ahora escucha y comprueba tu respuesta.**

4 **Tu profesor/a te va a repartir unas tarjetas. Habla con tu compañero/a, pídele consejos para tus problemas y dáselos para los suyos.**

Cuaderno de ejercicios p. 20 y 21

PEDIR PERMISO Y FAVORES

- Para **pedir permiso** decimos:
  - *¿**Te importa si** me llevo estos libros?*
  - *¿**Puedo** cerrar la puerta?*
  - *¿**Podría** salir un poco antes de clase?*
- Para **pedir favores** decimos:
  - *¿**Me dejas** un boli?*
  - *¿**Te importaría** llevar estos libros a la biblioteca?*] *Formal*
  - *¿**Podrías** dejarme tu diccionario de español?*] *Formal*
  - *¿**Sería** tan amable de decirme la hora?*] *Muy formal*
- Para **explicar** o **justificar** el porqué de la petición se utiliza *es que*:
  - ***Es que** el mío lo he perdido.*

5 **Al programa *Amor en directo* acuden personas que quieren encontrar pareja, como Veer, un joven hindú que vive en España. Veer quiere causar buena impresión a la chica que va a conocer. Mientras espera en el camerino, imagina lo que dirá en la cita. Relaciona.**

1 ¿Te importa si •   • **a** pasarme la sal?
2 ¿Podría •   • **b** te llamo para vernos otro día?
3 ¿Puedo •   • **c** invitarte a cenar?
4 ¿Me dejas •   • **d** acompañarte a casa?
5 ¿Le importaría •   • **e** aconsejarnos en la comida?
6 ¿Podrías •   • **f** hacernos una foto juntos?

6 **Escribe el número de las frases de la actividad anterior al lado de la situación en la que crees que Veer las diría.**

a ▢ Están cenando y la comida está sosa.
b ▢ Acaban de salir del restaurante.
c ▢ Se acaban de sentar en la mesa del restaurante y piden ayuda al camarero.
d ▢ Se están despidiendo después de la cita.
e ▢ Han salido del plató de *Amor en directo* y están pensando qué hacer.
f ▢ Están pasando una buena noche y le pide al camarero un recuerdo de ella.

EXPRESAR PROBABILIDAD O HIPÓTESIS EN EL PASADO

- Si queremos **expresar probabilidad** en el pasado, decimos:
  - *Anoche **me acostaría** sobre las 2.* (Serían aproximadamente las dos, pero no estoy seguro).
  - ***Tendría** unos 15 años cuando conocí a Sara.* (No recuerda con exactitud la edad que tenía).

7 **La chica que tenía que encontrarse con Veer no ha venido al programa. En parejas, hablad sobre los posibles motivos.**

- *Sería...*
- *Tendría...*
- *Se quedaría...*
- *Estaría...*

Cuaderno de ejercicios p. 22 y 23   Actividades interactivas

Palabra por palabra VOCABULARIO

La comida

1 **La famosa actriz Mónica Pérez sigue una dieta muy estricta para mantener su hermosa figura. Relaciona los alimentos con sus imágenes.**

Aceites
- a aceite de oliva
- b aceite de girasol

Azúcares, dulces y pastelería
- c bizcocho
- d magdalena

Verduras y hortalizas
- e berenjena
- f calabacín
- g espinacas

Frutas
- h cereza
- i piña
- j kiwi

Legumbres
- k guisantes
- l lentejas
- m judías
- n garbanzos

Carnes
- ñ costilla de cordero
- o chuleta de cerdo
- p pechuga de pollo
- q solomillo de ternera

Embutidos
- r salchichón
- s chorizo

Lácteos y derivados
- t leche entera/descremada/desnatada
- u nata
- v margarina
- w yogur natural/desnatado/con frutas

2 **Y tú, ¿qué alimentos crees que toma Mónica para seguir una dieta sana? Habla e intercambia opiniones con tu compañero/a.**

3 **Relaciona las siguientes palabras formando parejas, como en el ejemplo.**

leche desnatada, ...

bebidas ▪ merluza ▪ ensalada
pan ▪ trozo de ▪ agua ▪ fruta
~~leche~~ ▪ yogur ▪ patatas

fritas ▪ del tiempo ▪ de molde
~~desnatada~~ ▪ con gas ▪ desnatado ▪ mixta
del grifo ▪ pastel ▪ empanada

10 **4** **Escucha la conversación telefónica entre la actriz Mónica Pérez y Maruchi, la famosa cocinera, y comprueba tus respuestas de la actividad anterior.**

Cuaderno de ejercicios p. 23 y 24

¡A cocinar!

5 Los siguientes verbos se utilizan habitualmente en la preparación de comidas. Relaciónalos con su correspondiente definición. Puedes utilizar el diccionario.

1 Añadir •
2 Escurrir •
3 Aliñar •
4 Poner en remojo •
5 Guisar •
6 Enjuagar •
7 Cocer •
8 Congelar •
9 Triturar •

• a Poner un alimento en agua durante un tiempo.
• b Quitar el agua a un alimento.
• c Limpiar con agua un alimento.
• d Partir un alimento en trozos pequeños.
• e Poner alimentos a muy baja temperatura para conservarlos frescos.
• f Poner un alimento crudo en agua caliente durante un tiempo determinado.
• g Preparar los alimentos haciéndolos cocer en una salsa.
• h Poner sal, aceite, vinagre o salsas a un alimento.
• i Agregar algo a una comida.

6 Maruchi también prepara diferentes platos para la revista *SuperEspacio* y nos enseña algunos trucos para preparar una comida saludable y sabrosa. Utiliza los verbos del ejercicio anterior para completar los trucos de Maruchi. Fíjate en las imágenes.

a Para conseguir unos garbanzos tiernos, los tienes que **1** .... la noche anterior. Para las lentejas no es necesario, pero las tendrás que **2** .... lentamente.

b Si has comprado mucha carne y no la vas a comer el mismo día, la puedes **3** ...., así conservará todas sus propiedades.

c Para hacer una salsa de almendras, antes las tendrás que **4** .... bien.

d Después de cocer la pasta, la tendrás que **5** .... antes de **6** .... la salsa.

e Antes de comer fruta, la deberás **7** .... bien.

f Para darle más sabor a la ensalada, la puedes **8** .... con aceite de oliva.

g Para **9** .... un buen pollo, tienes que **10** .... al agua unas verduras o una salsa.

1

2

3

4

5

6

7

8

9

10

7 Y tú, ¿sabes algún truco de cocina? Seguro que sí. Habla con tu compañero/a y comprueba quién es más "cocinitas" de los dos.

Cuaderno de ejercicios p. 25

Actividades interactivas

Paso a paso GRAMÁTICA

CONDICIONAL SIMPLE: VERBOS REGULARES

Verbos regulares

	cantar	**comer**	**escribir**
yo	cantar**ía**	comer**ía**	escribir**ía**
tú	cantar**ías**	comer**ías**	escribir**ías**
él/ella/usted	cantar**ía**	comer**ía**	escribir**ía**
nosotros/as	cantar**íamos**	comer**íamos**	escribir**íamos**
vosotros/as	cantar**íais**	comer**íais**	escribir**íais**
ellos/ellas/ustedes	cantar**ían**	comer**ían**	escribir**ían**

- El **condicional simple** se usa para:
  - Dar consejos o recomendaciones:
    - *Yo/Yo que tú/Yo en tu lugar, **comería** más fruta y verdura. Comes fatal.*
    - ***Deberías** escribirle un mensaje. Creo que está preocupado.*
    - ***Podrías** dedicarte al deporte a nivel profesional. Eres muy bueno.*
  - Pedir permiso y favores:
    - *¿**Te importaría** hacerme un favor? Es que mañana tengo un examen...*
  - Expresar probabilidad o hipótesis en el pasado:
    - *En aquella época yo **ganaría** unos 1000 euros al mes.*

1 **La chica de la izquierda es Jazmín, que finalmente ha asistido al programa a conocer a Veer porque su amiga la ha convencido. Lee el diálogo entre las dos amigas y complétalo con los verbos en condicional.**

Jazmín: ¡Qué vergüenza! ¿Y qué hago si me hace una pregunta indiscreta?
Dhara: Yo le **a** .... (responder) con otra pregunta.
Jazmín: ¿Y si lo veo y no me gusta?
Dhara: Pues yo que tú, no **b** .... (dejarse, yo) llevar por la primera impresión y **c** .... (cenar, yo) con él. Si después de la cena no te gusta, no **d** .... (participar, yo) más en el programa.
Jazmín: ¿Y si me gusta?
Dhara: Pues entonces **e** .... (seguir) conociéndolo y, sobre todo, **f** .... (quedar) con él fuera de las cámaras, ya sabes que la televisión engaña mucho... Si no que te lo digan a ti, que no querías ni ir...
Jazmín: Tienes razón, **g** .... (deber, yo) conocerlo mejor. Pero igual me enamoro de él, y él no de mí, ¿te imaginas?
Dhara: ¡Ay, Jazmín! Yo no lo **h** .... (pensar) más, ¡solo es un concurso! **i** .... (Ir), **j** .... (divertirse) un rato, **k** .... (conocer) a gente nueva y ¿quién sabe? Igual es el hombre de tu vida.
Jazmín: ¿Y si lo es?
Dhara: Pues entonces, yo **l** .... (casarse) con él, y **m** .... (ser, yo) muy feliz.
Jazmín: Y entonces... ¿Me **n** .... (ayudar, tú) a elegir el vestido de novia?
Dhara: ¡¡Grrrrrr!! Que sí, ¡¡pesada!!

2 **El pobre Veer también está muy nervioso. Como ya sabes qué opina Jazmín, ¿qué consejos le darías a Veer? Escríbelo en tu cuaderno.**

Querido Veer, yo en tu lugar...

CONDICIONAL SIMPLE: VERBOS IRREGULARES

Verbos irregulares

tener → ten**dr**-	venir → ven**dr**-	caber → ca**br**-	hacer → **har**-	**ía**
poder → po**dr**-	salir → sal**dr**-	haber → ha**br**-	decir → **dir**-	**ías**
poner → pon**dr**-	valer → val**dr**-	saber → sa**br**-	querer → que**rr**-	**ía**
				íamos
				íais
				ían

- En todos los verbos irregulares del condicional simple, **la raíz** del verbo **cambia** y la terminación es la misma que en los verbos regulares.

Videogramas

3 **De los siguientes verbos, elige el más adecuado para cada frase y escríbelo en condicional.**

poner ▪ saber ▪ poder ▪ estar ▪ venir ▪ tener ▪ valer ▪ decir ▪ querer

a .... unos cuatro años cuando empecé a dar mis primeros pasos como actor.

b No tengo nada que decir respecto a mi relación con Mario Medina. Yo que tú, ... en la revista que solo somos buenos amigos.

c Jazmín no .... al programa porque .... muy nerviosa.

d Yo .... a todos los jóvenes que comer verduras es garantía de salud para el futuro.

4 **Ahora, identifica quién de los siguientes personajes de la revista *SuperEspacio* ha dicho las frases anteriores.**

1 ☐ Mónica Pérez

2 ☐ Veer

3 ☐ Maxi Castro

4 ☐ Maruchi

11 **5** **Escucha estas conversaciones y entrevistas de *SuperEspacio* y relaciónalas con su personaje correspondiente.**

a Personaje: ....

– ¿Qué **1** .... si a tu hijo no le gusta el sabor de casi ninguna? → *Pedir consejo*
– **2** .... usar tu imaginación. → ....

b Personaje: ....

– **3** .... la primera vez que venía a la tele. → ....
– ¿Y tú qué **4** .... entonces, Luz? → ....
– Mira, yo **5** .... → ....

c Personaje: ....

– Sí, **6** .... decir que sí. → ....
– Creo que no **7** .... hacer otra cosa. → ....
– ¿Te **8** .... firmarme un autógrafo para mi hija? → ....

d Personaje: ....

– ¿**9** .... decirnos cuándo nació esa bonita amistad? →
– Reconoces que Mario Medina **10** .... parte de tu vida privada. → ....
– **11** .... limitarte a escribir lo que digo. → ....
– Yo que tú, lo **12** .... claro de una vez. → ....

11 **6** **Vuelve a escuchar las entrevistas y completa las frases con condicional. Después, compáralas con tu compañero/a y decidid para qué se ha usado cada una.**

Cuaderno de ejercicios p. 25 a 27 Actividades interactivas

Suena bien PRONUNCIACIÓN Y ORTOGRAFÍA

La letra *y*, la letra *x* y la cursiva

LA LETRA *Y*

- La letra ***y*** se conserva en los plurales de las palabras que en singular terminan en ***y***. Así, el plural se forma añadiendo ***–es*** final y el sonido vocálico de ***y*** pasa a ser consonántico: *rey* ➔ *reyes*. Excepción: *jerséis* (singular *jersey*).
- Recuerda que hay algunos verbos que no contienen la ***y*** en su infinitivo, pero en los que esta sí aparece como irregularidad en las terceras personas (*oír, creer, caer* y los verbos con infinitivo terminado en ***-uir***: *construir, destruir, concluir, atribuir, huir...*).

1 Forma el plural de las siguientes palabras.

a ley ➔ ....

b buey ➔ ....

c virrey ➔ ....

d convoy ➔ ....

2 Completa conjugando los verbos correctamente.

a Ayer Juan .... (oír) un ruido extraño y .... (creer) que era un ladrón. Salió corriendo para atraparlo, ... (caerse) y el ladrón .... (huir) con todo el dinero.

b Isabel la Católica fue una gran reina, ya que .... (construir) un gran imperio.

c El huracán .... (destruir) la casa de mis tíos en Santo Domingo.

LA LETRA *X*

- Usamos la letra ***x*** antes de los grupos **pl-** y **pr-**.

3 ¿*X* o *S*? Completa los espacios teniendo en cuenta la regla que acabas de aprender.

a e........plotar

b e........plicar

c e........timado

d e........presión

e e........tupidez

f e........tatuto

g e........presar

h e........tirar

LA CURSIVA

- Se usa especialmente en:
  - Títulos de obras (literarias, artísticas, científicas o jurídicas), diarios, revistas, periódicos y publicaciones semejantes, cuando se citen por su nombre completo:
    – Mi abuelo siempre lee el periódico ***El País***.
    – ***Cien años de soledad*** es una de mis novelas preferidas.
  - La mayoría de las palabras o expresiones extranjeras que no están adaptadas al español: *blues*, *piercing*, *copyright*, *software*.

4 Subraya las palabras que deberían estar escritas en cursiva.

a A mí la música muy moderna me gusta pero prefiero el rock and roll.

b Britney Spears en un concierto cantó utilizando playback.

c Las Meninas de Velázquez es una de sus obras más conocidas.

d La Vanguardia es uno de los principales periódicos en España.

Cuaderno de ejercicios p. 27 y 28 | Actividades interactivas

Sesión de cine VÍDEO

TIENES QUE ESTUDIAR MÁS

SINOPSIS

Mientras desayuna con su familia, Carla mantiene una conversación que hará que se enfade. ¿Qué crees que habría pasado?

1 **Con tu compañero/a, responde a las siguientes preguntas.**

- **a** ¿Dónde estudias normalmente?
- **b** ¿Crees que es importante el lugar y las condiciones del mismo para estudiar mejor?
- **c** ¿Cuáles crees que deben ser esas condiciones?
- **d** ¿Cómo es el lugar en el que tú estudias?

2 **Mira las imágenes y luego responde a las preguntas.**

- **a** ¿Dónde están estas personas?
- **b** ¿Qué relación crees que hay entre ellas?
- **c** ¿Qué hora piensas que es? ¿Por qué?
- **d** ¿Qué está haciendo cada uno?
- **e** ¿Qué crees que están mirando?
- **f** ¿Cómo crees que se llevan entre ellos?
- **g** ¿De qué crees que van a hablar en los próximos minutos?
- **h** ¿Cómo te imaginas que es Carla?

3 **Observa el vídeo y haz las actividades que te va a repartir tu profesor/a.**

Secuencia de vídeo · Actividades interactivas

Mundo hispano
Cultura

CUIDAMOS NUESTRA SALUD

1 **Intenta responder si son verdaderas (V) o falsas (F) las siguientes afirmaciones sobre el sistema sanitario español. Después, coméntalo con tu compañero/a.**

a Ⓥ Ⓕ El sistema social de salud es gratuito para todos los españoles aunque no estén trabajando.
b Ⓥ Ⓕ La sanidad pública se paga con el dinero de los que más ganan.
c Ⓥ Ⓕ Los extranjeros tienen que pagar si requieren los servicios de la salud pública.
d Ⓥ Ⓕ España es el primer país del mundo en trasplantes y donación de órganos.
e Ⓥ Ⓕ El sistema de vacunación de los españoles es pésimo. La mayoría de la gente no está vacunada.
f Ⓥ Ⓕ En la sanidad pública hay que esperar mucho tiempo para operarse o ver a un especialista.
g Ⓥ Ⓕ España tiene una esperanza de vida muy baja y una tasa de natalidad muy alta.

12 **2** **Ahora escucha parte de un debate entre oyentes de un programa de radio y comprueba las respuestas anteriores.**

3 **De acuerdo con la información proporcionada a través del programa radiofónico, intenta completar el siguiente texto sobre la sanidad española.**

El sistema sanitario español

España destaca a nivel mundial por su sistema de salud. Es gratuito para todos los españoles, incluso para los **a** ....

España es el número uno en **b** .... y **c** ....

El sistema de vacunación de la población es uno de los más completos y alcanza a alrededor del **d** ....% de los ciudadanos.

El sistema nacional de salud es el servicio público más valorado por los españoles, y eso a pesar de que esperan una media de **e** .... para operarse y alrededor de **f** .... días de media para ver al especialista.

España se encamina hacia una población envejecida. En 2060 casi el 60% de la población activa tendrá más de 60 años. La esperanza de vida al nacer es de **g** ...., la más alta de la **h** .... y la **i** .... más alta del mundo. En cambio, la tasa de natalidad es **j** .... Esta situación puede saturar el sistema y provocar que la sanidad española deje de tener el prestigio que ha tenido hasta ahora.

4 **Piensa en tu país. ¿Qué conoces sobre el sistema sanitario? ¿Sabes cuál es la esperanza de vida? ¿Y la tasa de natalidad? Háblalo con tu compañero/a. Después, en vuestro cuaderno, escribid un texto similar al que acabáis de leer con la información obtenida.**

5 **Lee la siguiente información y marca las frases, según tu opinión, como aspectos negativos o positivos sobre la alimentación en España. Argumenta tu elección.**

La alimentación en España

a Casi la mitad de los niños españoles de 6 a 10 años tiene problemas de sobrepeso.

b El 47,6 % de los niños que comen en casa tiene sobrepeso.

c El porcentaje de sobrepeso entre los niños que se quedan a comer en el centro educativo disminuye hasta el 43 %.

d Los españoles no han perdido el interés por los productos tradicionales que propone la dieta mediterránea.

e Los niveles de sobrepeso y obesidad infantil en las familias con menos recursos económicos están alrededor del 48 %, casi ocho puntos por encima del exceso de peso detectado en las familias con mayor poder adquisitivo.

f Hay médicos que informan de que, con el desarrollo, los cambios en los hábitos y en la alimentación sí se han producido. El desarrollo económico permitió a los españoles elevar su nivel de vida, y eso se tradujo en más carne y menos actividad física.

g Los consumidores españoles actuales apuestan por una compra de productos tradicionales asociados a la dieta mediterránea que están ya elaborados o semielaborados.

h El nivel educativo de los padres también influye en la mala alimentación. Así, un 41 % de los hijos de padres con estudios universitarios tiene sobrepeso u obesidad, frente al 47,9 % de los que tienen estudios secundarios y el 47,6 % de los que solo han alcanzado estudios primarios.

i Existe una tendencia a alimentarse de manera más saludable debido a las diferentes campañas sobre la importancia de llevar una dieta equilibrada.

6 **Y vosotros, ¿lleváis una buena alimentación? Habla con tu compañero/a.**

GASTRONOMÍA | LA DIETA MEDITERRÁNEA

La comida mediterránea es típica de los países que rodean el mar Mediterráneo. Pero, ¿esta dieta existe o es un mito?

"El clima es el factor más importante de la dieta mediterránea, ya que produce una serie de ingredientes típicos de esta gastronomía", dice el Doctor José Ordovas.

Hay muchos platos típicos de los países mediterráneos que tienen ingredientes en común, como las verduras, las aceitunas, el pescado, el marisco, la fruta, el aceite de oliva y algunos condimentos.

"Culturalmente, los países del Mediterráneo pueden ser muy distintos. Y claro, su gastronomía también puede diferir, pero los ingredientes son los mismos", dice el doctor.

España es uno de estos países. Sin embargo, solo una parte del país está en el Mediterráneo y disfruta de este clima cálido. El norte de España, por ejemplo, tiene un clima más frío y lluvioso.

"En España, al hablar de los hábitos alimentarios, no se puede generalizar. El clima y la dieta varían mucho de norte a sur, o de este a oeste. En el norte se come marisco, pero también mucha carne y patatas. En el centro son típicos los guisos".

Verduras, queso, aceitunas, sal, pimienta y aceite de oliva, ingredientes típicos de la dieta mediterránea.

Cuaderno de ejercicios p. 28 y 29 Actividades interactivas

Érase una vez... LITERATURA

1 **Lee el texto sobre la biografía de Lezama Lima y contesta a las preguntas.**

José Lezama Lima

José Lezama Lima nació en Cuba en 1910 y murió en 1976. Aunque se dedicó principalmente a la poesía y al ensayo, se le recuerda sobre todo por su faceta de novelista, en concreto por su obra *Paradiso*, publicada en 1966 y de gran repercusión internacional.

De estilo barroco, y considerado uno de los autores más importantes de la literatura hispanoamericana, ha influido en una gran cantidad de escritores tanto de su época como posteriores.

El argumento de su principal novela se centra en la infancia y juventud de José Cemí, el protagonista, a través del cual el autor construye todo un mundo poético en el que se mezclan la realidad, el mito y la fantasía, escritos con un excelente dominio de la lengua española.

Tras su publicación, en 1971, el hecho de abordar algunos temas controvertidos hizo que su novela no fuera bien vista por las autoridades cubanas, que la consideraron un escándalo y acusaron al autor de participar en actividades contrarrevolucionarias, algo que actualmente han rectificado.

Para muchos, Lezama fue el reinventor del lenguaje, describiendo una nueva realidad a través de la metáfora y de la imagen.

a ¿Por qué obra se reconoce internacionalmente a Lezama Lima? ¿Tuvo éxito?
→ ....

b ¿En qué se refleja la importancia de Lezama Lima dentro de la literatura hispanoamericana?
→ ....

c ¿Fue entendida en su época la obra por parte de las autoridades cubanas? ¿Por qué?
→ ....

d ¿Esa misma situación continúa actualmente? → ....

e ¿Qué tipo de estilo desarrolló Lezama Lima en *Paradiso*? → ....

f ¿En qué personaje se centra la novela? → ....

g ¿Qué etapas de la vida del protagonista desarrolla? → ....

h ¿Qué tipo de mundo construye Lezama Lima en *Paradiso*? → ....

2 **El siguiente vocabulario forma parte de un capítulo de la novela *Paradiso*. Busca en el diccionario las palabras que no entiendas y elige la opción correcta.**

1 Garzones:
- a Adultos.
- b Camareros.
- c Jóvenes.

2 Refinamiento:
- a Elegancia, buen gusto.
- b Calidad de estrecho.
- c Mal sabor.

3 Pachorra:
- a Nombre de persona.
- b Tranquilidad excesiva.
- c De broma.

4 Acatar:
- a Ordenar.
- b Saborear la comida.
- c Obedecer.

13 **3** **Escucha y lee este fragmento del capítulo VII de la novela *Paradiso*, en el que se hace una descripción pormenorizada sobre la comida servida en la mesa.**

Paradiso

(1) *Los mayores solo probaron algunas lascas del pavo,* **(2)** *pero no perdonaron el relleno, que estaba elaborado con unas almendras que se deshacían y con unas ciruelas que parecían crecer de nuevo con la provocada segregación del paladar.*

(3) *Los garzones, un poco huidizos aún al refinamiento del suflé, crecieron su gula habladora en torno al almohadón de la pechuga,* donde comenzaron a lanzarse tan pronto el pavón dio un corto vuelo de la mesa de los mayores a la mesita de los niños, que cuanto más comían, más rápidamente querían ver al pavón todo plumado, con su pachorra en el corralón.

Al final de la comida, doña Augusta quiso mostrar una travesura en el postre. Presentó en las copas de *champagne* la más deliciosa crema helada. Después que la familia mostró su más rendido acatamiento al postre sorpresivo, doña Augusta regaló la receta: **(4)** *Son las cosas sencillas –dijo–, que podemos hacer en la cocina cubana,* **(5)** *la repostería más fácil, y que enseguida el paladar declara incomparables.* Un coco rallado en conserva, más otra conserva de piña rallada, unidas a la mitad de otra lata de leche condensada, y llega entonces el hada, es decir, la viejita Marie Brizard, para rociar con su anisete la crema olorosa. Al refrigerador, se sirve cuando está bien fría.

Luego la vamos saboreando, recibiendo los elogios de los otros comensales que piden con insistencia el bis, como cuando oímos alguna pavana de Lully.

Al mismo tiempo que se servía el postre, doña Augusta le indicó a Baldovina que trajese el frutero, **(6)** *donde mezclaban sus colores las manzanas, peras, mandarinas y uvas.*

4 **Ahora, relaciona estas frases con las partes del texto numeradas.**

- a ☐ El relleno del pavo estaba compuesto por frutos secos muy tiernos y buenos y por ciruelas muy ricas.
- b ☐ En el frutero había frutas de diferentes colores.
- c ☐ Los postres cubanos son de fácil preparación pero exquisitos.
- d ☐ Los jóvenes no estaban acostumbrados a esa comida tan refinada y se dedicaron a comer pollo.
- e ☐ Los adultos probaron un poco de carne.
- f ☐ La anfitriona habla de la sencillez de la comida cubana.

5 **Busca información sobre Lezama Lima y su obra en internet y contesta a las preguntas. Después, habla con tu compañero/a y comparad vuestras respuestas.**

- a ¿En qué lugar pasó José Cemí, el protagonista de *Paradiso*, su primera infancia?
- b ¿Qué tipo de niño era José Cemí?
- c ¿Qué importante papel juega Oppiano Licario en la vida de José Cemí?
- d ¿Quién lo inicia en el mundo de la poesía?
- e ¿A qué corriente o periodo literario pertenece la obra de Lezama Lima?
- f Además de Lezama Lima, ¿qué otros autores pertenecen a este movimiento?

Actividades interactivas

Prueba de comprensión de lectura

1 **Lee los siguientes textos y contesta a las preguntas.**

SUSCRIPCIÓN A LA REVISTA SUPERESPACIO

LA REVISTA PARA JÓVENES A PARTIR DE 15 AÑOS

Ahora podrás disfrutar de las más interesantes noticias sobre actualidad, videojuegos, música, cine, deportes, literatura; propuestas de escapadas de fin de semana, salir por tu ciudad, talleres, concursos, entrevistas a tus ídolos, los consejos de Maruchi… ¡Todo esto y mucho más en la puerta de tu casa!

No te lo pienses más y aprovecha la OFERTA: si te suscribes este mes,

¡RECIBIRÁS GRATIS LA REVISTA DURANTE 6 MESES!

Participa en el sorteo y ¡gana un viaje a París, la ciudad del amor!

¿CÓMO PUEDES PARTICIPAR?

Es muy fácil: tan solo tienes que leer la entrevista a Maxi Castro y responder al cuestionario sobre su vida que encontrarás en el interior de la revista. Después envíanos tus respuestas, bien por correo ordinario o por internet a través de nuestra revista digital. Entre los participantes que acierten todas las preguntas se realizará un sorteo ante notario. El nombre del ganador se dará a conocer en la publicación del mes de febrero.

NO LO DUDES, PARTICIPA Y ¡GANA!

¿Qué ver en Madrid?

El paseo comienza en la Puerta del Sol, centro de Madrid. No olvides fotografiarte junto al Oso y el Madroño, uno de los símbolos de la ciudad. Después, dirige tus pasos a la calle Arenal y busca la chocolatería San Ginés, donde puedes desayunar un chocolate con churros.

1 Si quieres suscribirte a la revista *SuperEspacio*,…
   - a debes tener más de 15 años.
   - b no necesitarás bajar al quiosco a comprarla.
   - c no tendrás que abonar ningún importe.

2 Podrás participar en el sorteo…
   - a tan solo con contestar el cuestionario y enviar tus respuestas a la revista.
   - b si has contestado correctamente al cuestionario.
   - c si acudes a la celebración del sorteo que se realizará ante notario.

3 El texto sobre Madrid recomienda…
   - a recorrer la calle Arenal.
   - b encontrar la chocolatería en la calle Arenal.
   - c evitar ir a la calle Arenal.

¡Me lo sé!

EVALUACIÓN

1 **Da consejos de acuerdo a las fotografías usando las estructuras aprendidas.**

.../3

a .... b .... c ....

2 **Relaciona las frases con sus correspondientes usos del condicional simple.**

.../5

1 Estoy hecho un lío, ¿tú que harías?
2 Yo que tú, cortaría la relación con ese chico.
3 ¿Podría hacer una llamada?
4 Ayer Nacho llegó muy tarde. Regresaría sobre la cuatro de la mañana.
5 ¿Podrías dejarme tu bolígrafo azul?

a Dar consejos o recomendaciones.
b Expresar probabilidad o hipótesis en el pasado.
c Pedir un favor.
d Pedir consejo.
e Pedir permiso.

3 **Completa los espacios con el verbo en condicional simple.**

.../5

a Yo que tú, no .... (salir) a la calle sin abrigo, hace mucho frío.
b Yo, no .... (poner) tanto peso en la estantería, creo que no lo va a resistir.
c Yo creo que ayer .... (venir, él) sobre las dos. Yo estaba ya en la cama.
d Yo en tu lugar, le .... (decir, yo) realmente lo que pienso.
e ¿.................... (Poder, nosotros) entregar el trabajo la semana que viene?

4 **Clasifica estas palabras.**

.../14

piña ▪ judías ▪ calabacín ▪ solomillo de ternera ▪ lentejas ▪ pechuga de pollo
salchichón ▪ berenjena ▪ guisantes ▪ chuleta de cerdo ▪ espinacas
costillas de cordero ▪ cerezas ▪ garbanzos

Carnes y derivados	Frutas	Legumbres	Verduras y hortalizas

Ahora soy capaz de...

	Sí	No
a ...pedir consejos.	Sí	No
b ...dar consejos y hacer recomendaciones.	Sí	No
c ...hacer conjeturas en el pasado.	Sí	No
d ...entender una receta de cocina.	Sí	No

Sigue practicando con...
Spanish Blogger
Misión 20

Actividades interactivas

Ahora comprueba

La revista del instituto

Los estudiantes del instituto han decidido crear su propia revista. En ella incluirán entrevistas, una sección de consejos, se hablará de cine, teatro y literatura o se informará de los últimos talleres o actividades impartidas en el centro.

1 **¿Qué revistas de jóvenes te gustan a ti? ¿Por qué? Habla con tu compañero/a.**

2 **Relaciona los comentarios de algunos alumnos sobre la nueva revista con lo que expresan.**

1 Cuenta, cuenta, ¿de quién ha sido la idea de crear la revista? •
2 ¡Qué fuerte! ¿Has visto? ¡Entrevistan a la directora de cine Anamar Orson! •
3 ¡Imposible! ¡Anamar Orson entrevistada por estudiantes del instituto! •

• a Incredulidad.
• b Interés y curiosidad.
• c Sorpresa.

3 **Completa los testimonios de algunos de los alumnos del instituto con las intervenciones que has leído en el ejercicio anterior.**

a Cuando me dijeron que los creadores de la revista habían hablado personalmente con ella, me sorprendí muchísimo. Lo primero que dije al escucharlo fue:

b Cuando estaba desayunando en la cafetería con Lucía, escuchamos a Dani contar que unos alumnos le habían propuesto a Paco, el profe de Literatura, crear una revista para el insti, y en ese momento yo le interrumpí:

c Ayer, en la puerta del instituto, estaban repartiendo ejemplares del primer número de la revista del insti. Cogí uno y con solo ver la portada ¡me quedé alucinada!, ¡no me lo podía creer! ¿Cómo lo habían conseguido? Así que fui corriendo a buscar a Carla y le dije:

4 **Lee parte de la entrevista que los alumnos realizaron a Anamar Orson y selecciona la forma correcta de los verbos y de las preposiciones *por* y *para*.**

Entrevistador: Pero entonces, Anamar, ¿usted y el actor Cristian Pascual se conocen desde hace mucho tiempo?

Anamar Orson: Sí, somos viejos amigos. Nos conocemos desde el 99, yo **a regresé / había regresado** a España **b por / para** hacer un curso **c por / para** enseñar español y fue entonces cuando **d conocí / había conocido** a Cristian.

Entrevistador: Y fue en esa misma época cuando **e conoció / había conocido** también a Paco, nuestro profesor de Literatura, ¿no?

Anamar Orson: Efectivamente.

Entrevistador: Por lo que sabemos, sus trabajos **f han ganado / habían ganado** un total de tres premios cinematográficos.

Anamar Orson: Sí, así es. En el año 2005 **g rodé / he rodado** mi primera película y **h recibí / había recibido** dos premios Goya. Pero este no fue mi primer premio **i para / por** mi trabajo en el cine. Dos años antes **j había ganado / ha ganado** la Concha de Oro del Festival de San Sebastián al mejor corto español.

14 **5 Escucha los comentarios relacionados con la nueva revista del instituto y escribe su número al lado del consejo o recomendación correspondiente.**

a ▢ ¿Por qué no hablas sinceramente con ellos? Seguro que te entenderán.

b ▢ ¿Y si le pedimos una suya? Es tan maja que seguro que nos da alguna.

c ▢ Deberías organizarte, estudiar un poco todos los días y hacerte resúmenes y esquemas, porque si lo dejas todo para antes del examen, te agobiarás más.

d ▢ ¿Por qué no echas un vistazo a las sugerencias para el finde de la revista? Proponen un montón de planes alternativos: desde rutas turísticas por la ciudad, hasta intercambios de idiomas, excursiones a la sierra... Seguro que encuentras algo interesante.

e ▢ No te preocupes, tu problema tiene solución. Es evidente que te esfuerzas, pero creo que no estás dando los pasos acertados. Yo en tu lugar, buscaría un profesor particular.

f ▢ Eso se llama pánico escénico. Yo que tú, intentaría aprender algunas técnicas de relajación y centraría mis esfuerzos en prepararme bien el guion.

15 **6 Escucha los diálogos completos y comprueba las respuestas de la actividad anterior.**

7 Lee estos otros consejos o recomendaciones extraídos de la revista del instituto y relaciónalos con el texto correspondiente.

1 ¿Por qué no haces el siguiente test de compatibilidad?
2 Yo que tú, esperaría un poco más y aclararía antes mis ideas.
3 Deberías contactar con la gente del lugar a pesar del miedo.
4 Trata de alcanzar una velocidad de cuatro a nueve kilómetros por hora.

a ▢ Imaginemos que viajas para hacer un curso de español a España. Aterrizas y te das cuenta de que todos tus miedos son reales. Te cuesta entender a la gente, entras en pánico y tomas el camino fácil: te juntas con personas de tu país de origen y hablas todo el tiempo tu lengua materna. ¡¡¡Error!!!

b ▢ ¡Sorpresa! Maxi Castro, nuestro actor favorito, está preparándose para el rodaje de su próxima película, eso ya lo intuíamos, ¿verdad? Pero lo que no sabíamos es que, según nos ha revelado, vuelve a estar soltero. Si quieres saber si eres compatible con Maxi,...

c ▢ Caminata rápida. Este ejercicio es uno de los más recomendables. El único equipo necesario es calzado cómodo y un camino. Alarga el paso y ve a un ritmo bastante rápido.

d ▢ Querida Alicia: Sé que estás pasando por un mal momento y que tal vez piensas que ese chico es el apoyo que necesitas, pero ahora mismo no te conviene empezar una relación.

8 La nueva revista del instituto aún está en periodo de pruebas. Sus creadores necesitan buscarle un título y algunas sugerencias de los alumnos. Escribe una carta siguiendo las pautas.

a Propón un título.
b Da algunas sugerencias y recomendaciones sobre sus contenidos.
c Pide algún consejo.
d Envía una receta de cocina para su próximo concurso de recetas.

Unidad 3

¡OJALÁ!

Comunicación
- Expresar el momento en el que ocurre una acción
- Expresar finalidad
- Expresar deseos

Vocabulario
- Las ONG y el voluntariado

Gramática
- Presente de subjuntivo

Pronunciación y ortografía
- Diptongos, triptongos e hiatos

Sesión de cine
- *La ONG*

Cultura
- Las ONG

Literatura
- Pablo Neruda, *Soneto LXXXIX*

¿Qué ves?

1 **Observa la imagen y responde a las preguntas.**

a ¿Qué van a hacer estos jóvenes?
b ¿Dónde crees que están desarrollando su tarea?
c ¿Has participado alguna vez en campañas solidarias? En caso afirmativo, ¿en qué consistía ese trabajo?

2 **¿Qué sabes de Guatemala? ¿Qué tipo de voluntariado es posible hacer en este país? Habla con tus compañeros.**

Comenzamos con un diálogo

16 **3 Escucha el diálogo y marca verdadero (V) o falso (F).**

		V	F
a	Paula va a Guatemala a un colegio que han construido allí.	V	F
b	Va a estar en Guatemala dos semanas en julio.	V	F
c	Va a hacer un curso para aprender a convivir y a trabajar en equipo.	V	F
d	Quiere ir dormida durante el viaje.	V	F
e	Irene le desea buena suerte en su viaje.	V	F
f	El viaje de Paula es unos días después de terminar las clases.	V	F
g	Paula le contará muchas cosas a Irene desde Guatemala.	V	F

4 Ahora lee y comprueba tus respuestas.

Irene: ¡Hola, Paula! Oye, ¿has hablado ya con Ana? Es que esta mañana me ha dicho que a **quiere que vayamos** este verano a la casa que tienen sus tíos en la Costa Brava, y que si queremos, podemos pasar todo el mes de julio allí. Ellos ya no van nunca y la casa está vacía.

Paula: Sí, precisamente te llamo por eso. Es que me han ofrecido la posibilidad de ir a Guatemala **para ayudar** a construir un colegio. Así que yo no podré ir con vosotras.

Irene: ¡Qué me dices! Eso es estupendo, Paula. ¿Y vas tú sola?

Paula: Bueno, voy a través de una ONG que se llama *Ayuda en acción.* La verdad es que no conozco mucho a la gente pero, b **antes de irnos**, nos van a dar un curso durante dos semanas para saber lo que tenemos que hacer allí, conocer la situación, su cultura... y también **para que nos conozcamos** entre nosotros. ¡Vamos a estar un mes conviviendo y trabajando! c **Espero llevarme bien** con todos.

Irene: Ya verás como sí. ¿Y cuándo te vas?

Paula: d **En cuanto terminemos** las clases. De hecho, el avión sale el mismo día por la noche. ¡Ay, Irene! Son doce horas de avión y ¡odio volar! ¡e **Ojalá me quede** dormida pronto en el avión!

Irene: ¡Uf! ¡Doce horas! Bueno, tú llévate el libro que nos ha recomendado el profesor de Filosofía y seguro que te duermes enseguida. Yo lo intenté empezar el otro día pero, f **en cuanto lo abrí**, me quedé dormida. Oye, ahora en serio, me parece genial tu idea de ir a Guatemala, creo que va a ser toda una experiencia y g **te deseo de todo corazón que te vaya muy bien** y h **ojalá que tu esfuerzo sirva para que esos niños puedan vivir mejor**.

Paula: Muchas gracias. Ya te contaré i **cuando vuelva**. ¡Ah! y yo también j **espero que os lo paséis muy bien** en la Costa Brava. Daos un bañito en la playa por mí.

Irene: ¡Eso seguro! Pero bueno, nos veremos k **antes de que te vayas**, ¿no?

Paula: ¡Claro! ¡Faltaría más!

5 Fíjate en las expresiones en negrita y completa los recuadros.

Alguien expresa un deseo para otra persona	Alguien desea algo para sí mismo	Se habla del futuro	Se habla del pasado
a			

Actividades interactivas

Hablar por hablar

COMUNICACIÓN

EXPRESAR EL MOMENTO EN EL QUE OCURRE UNA ACCIÓN

- Para relacionar dos acciones en el **futuro**:
  - *– **Al** llegar a casa cenaré.*
  - *– Saldré **antes de/después de** cenar.*
  - *– Veré la tele **hasta que** termine de cenar.*
  - *– **Cuando/En cuanto** llegue a casa cenaré.*
  - *– Saldré **antes de que/después de que** cenes.*
- Para relacionar dos acciones en el **pasado**:
  - *– **Al** llegar a casa cené.*
  - *– Salí **antes de/después de** cenar.*
  - *– Vi la tele **hasta que** terminé de cenar.*
  - *– **Cuando/En cuanto** llegué a casa cené.*
- Para hablar de **verdades universales** o **hábitos**:
  - *– **Al** llegar a casa ceno.*
  - *– Siempre salgo **antes de/después de** cenar.*
  - *– A veces veo la tele **hasta que** termino de cenar.*
  - *– **Cuando/En cuanto** llego a casa ceno.*

17 **1 Completa los diálogos con los marcadores de tiempo anteriores. Luego, escucha y comprueba.**

a

- ¡Oh! ¡Qué colgante tan bonito!
- Gracias, me lo ha regalado Marina. Dice que si me lo pongo a .... haga el examen de Química, me dará suerte.
- Uf... yo no creo en esas supersticiones. Lo que tienes que hacer es estudiar b .... hacer el examen.

b

- ¡Que tengas buen viaje, cariño! ¡No te olvides de llamarme c .... llegues al hotel!
- Descuida. Te llamaré d .... llegue.
- Eso espero, porque la última vez no me llamaste.
- ¡Cómo que no! Sí te llamé.
- Sí, me llamaste, pero tres días e .... llegar.
- No, también te llamé antes, pero no me cogiste el teléfono. De todas formas, no te preocupes, esta vez no dejaré de llamarte f .... me contestes.

2 Lee el diálogo de la página 51 y completa el recuadro con las dos frases destacadas en color.

EXPRESAR FINALIDAD

- Si el sujeto de las dos acciones es el mismo, o uno de los dos no está especificado, usamos → ***para*** + ...
  - *– (Yo) he traído las fotos para (yo) enseñártelas.*
  - – ....
- Si hay sujetos diferentes, usamos → ***para que*** + ...
  - *– (Yo) he traído las fotos de las vacaciones para que (tú) las veas.*
  - – ....

Cuaderno de ejercicios p. 32 y 33

3 **Estos son los deseos de diferentes estudiantes. ¿Cuáles compartes? Habla con tu compañero/a.**

a Ojalá algún día dejen de existir los exámenes.
b Este año espero no suspender ninguna asignatura.
c El año que viene quiero ir a España a estudiar español.
d Ojalá pueda estudiar en una universidad cerca de mi casa.
e Deseo que mis amigos me hagan una fiesta sorpresa para mi cumpleaños.
f Espero que este curso no sea tan difícil como nos han contado.
g Deseo hacer un safari por África.

4 **Fíjate en las frases del ejercicio anterior y completa el recuadro.**

EXPRESAR DESEOS

a ....
b ....
c ....

+ verbo en d .... (si el sujeto de las dos acciones es el mismo).
– *(Yo)* ***Quiero*** *(yo)* ***ir*** *mañana a la playa.*

+ ***que*** + verbo en **subjuntivo** (si el sujeto de las dos acciones es diferente).
– *(Yo)* ***Quiero que*** *(tú)* ***me compres*** *un helado.*

- ***Ojalá*** es una partícula de deseo que siempre va seguida de e ....:
  – ***Ojalá*** *(yo)* ***apruebe*** *el examen.* – ***Ojalá*** *(tú)* ***vengas*** *mañana.*

18 **5** **Escucha estos diálogos y completa el recuadro.**

OTRAS FORMAS DE EXPRESAR DESEOS Y EXPRESIONES SOCIALES

- A alguien que se va a dormir:
  – ***Que duermas bien.*** – a ....
- A alguien que va a empezar a comer o está comiendo:
  – b ....
- A alguien que tiene un examen o una entrevista de trabajo:
  – ***Que tengas suerte.***
  – c ....
- A alguien que está enfermo:
  – ***Que te mejores.***
- A alguien que va a hacer algo divertido:
  – ***Que disfrutes.***
  – d ....
  – ***Que (te) lo pases bien.***
- A alguien que ha tenido una mala noticia:
  – e ....
- A alguien que ha recibido una buena noticia:
  – ***Enhorabuena.*** – f ....
- A alguien que se va por mucho tiempo:
  – g ....

6 **En parejas, y por turnos, responde a lo que te dice tu compañero/a.**

Alumno A

Dices:
a ¡Ana y yo nos casamos!
b Me voy a dormir.
c Esta noche voy a un concierto.

Alumno B

Dices:
a El partido va a comenzar.
b ¡Van a quitar los exámenes!
c Me voy a estudiar al extranjero seis meses.

Cuaderno de ejercicios p. 33 y 34 Actividades interactivas

VOCABULARIO

Las ONG y el voluntariado

1 **Mira estos logotipos. ¿Sabes a qué pertenecen?**

unicef — Cruz Roja Española — WWF

2 **Intenta responder si son verdaderas (V) o falsas (F) las siguientes afirmaciones. Después, coméntalo con tu compañero/a.**

a La Cruz Roja nació después de un viaje de su fundador por los países del tercer mundo. (V) (F)
b La Cruz Roja es una organización que atiende a personas de todo el planeta. (V) (F)
c La mayoría de los países dan parte de su producto interior bruto (PIB) a las ONG para ayudarlas a financiarse. (V) (F)
d Las personas que trabajan en las ONG son todas voluntarias. (V) (F)

3 **Lee el siguiente texto sobre las ONG y comprueba.**

Las siglas ONG significan **organización no gubernamental**. La primera ONG que se conoce como tal es la Cruz Roja, que fue fundada en 1864 por el suizo Henry Dunant. El 8 de mayo de 1859, Dunant, que era un hombre de negocios, se encontraba en el norte de Italia. Allí fue testigo de una cruel batalla y de cómo las víctimas quedaban desatendidas en medio de las calles; fueron las mujeres de los pueblos cercanos quienes se hacían cargo de aquellos pobres hombres. Le impactó tanto aquella experiencia que pensó en la necesidad de crear organizaciones, **sin ánimo de lucro** e independientes de poderes políticos e ideologías, para atender a las víctimas en los **conflictos bélicos** o en caso de **catástrofes naturales**. Así nació la Cruz Roja Internacional, hoy en día presente en los cinco continentes.

Desde entonces, el número de ONG ha aumentado en todo el mundo y también han ampliado su campo de trabajo. Algunas están enfocadas más a las **labores humanitarias** y otras a la **protección del medioambiente**.

La mayoría de países aportan parte de su **PIB** a la **financiación** de las ONG. Otra forma de **recaudar fondos** son las **campañas de sensibilización** para captar socios o la venta de artículos de **comercio justo**, aunque hay algunas que prefieren, para mantener su libertad, financiarse solo con **donativos**.

La mayoría de las personas que trabajan en las ONG son **voluntarios**, es decir, personas que compatibilizan sus responsabilidades diarias, estudios o trabajos, con ofrecer una **ayuda desinteresada** a otras personas; sin embargo, también cuentan con trabajadores asalariados, ya que, sobre todo las grandes ONG, requieren de personal cualificado y dedicado a tiempo completo para su buen funcionamiento.

4 **Estos son algunos de los trabajos que realizan las ONG. Relaciona para averiguarlo.**

1 Luchar por
2 Luchar en
3 Luchar a favor
4 Luchar contra
5 Trabajar por
6 Defender a
7 Ofrecer
8 Organizar

a ☐ los colectivos más desfavorecidos.
b ☐ campañas de sensibilización.
c ☐ la protección del medioambiente.
d ☐ la explotación infantil.
e ☐ asesoramiento legal.
f ☐ las desigualdades sociales.
g ☐ de los derechos humanos.
h ☐ actos benéficos para recaudar fondos.
i ☐ la pobreza.
j ☐ el comercio justo.
k ☐ el maltrato.
l ☐ orientación laboral.
m ☐ defensa de los animales.

5 **Estos son algunos de los colectivos y causas por los que trabajan las ONG. ¿Cuáles de los trabajos anteriores van destinados a cada uno? ¿Se te ocurre algún trabajo más que se podría hacer con ellos?**

Medioambiente	Países subdesarrollados	Discapacitados
ECOLOGISTAS en acción Trabajar por la protección del medioambiente,...	Global Humanitaria	ONCE
Personas sin hogar	**Inmigrantes**	**Mujeres y niños**
viviendas para los sintecho	RED acoge	

6 **Lee los testimonios de estos voluntarios y fíjate en las expresiones destacadas que aparecen en ellos. Después, relaciónalas con estas otras.**

1 ▢ Realizar un trabajo que te hace feliz.
2 ▢ Realizar un trabajo en colaboración con otra persona.
3 ▢ Superar una situación difícil.
4 ▢ Dar el dinero que tú quieres.
5 ▢ Ser generoso.
6 ▢ Colaborar.

Inés | 35 años | Malawi

Cuando terminé Arquitectura intenté encontrar trabajo en España, pero no lo conseguí, así que decidí empezar mi carrera profesional como voluntaria en África. Hace 10 años llegué a Malawi para colaborar en la construcción de un hospital y sigo aquí. Lo mejor es que (a) **trabajamos codo con codo** con la población local. Así, todos aprendemos de todos y esperamos que en el futuro no nos necesiten, porque eso significará que ellos tendrán los medios para (b) **salir adelante**. Es una manera de tener un (c) **trabajo satisfactorio** y (d) **ser solidario** al mismo tiempo.

Iñaki | 15 años | Bilbao

Yo soy voluntario porque quiero que el mundo sea mejor cada día. Todos podemos hacer algo por los demás, no tienen que ser grandes gestos, porque si cada uno (e) **pone su granito de arena**, al final se pueden hacer cosas muy importantes.

Rocío | 22 años | Sevilla

Cada año organizamos un mercadillo benéfico. La gente trae las cosas que ya no necesita pero que están en buen estado. Nosotros no ponemos precio, sino que la gente (f) **da la voluntad**. La verdad es que se recoge bastante dinero.

7 **Habla con tu compañero/a. ¿Qué ONG de tu país conoces? ¿Colaboras con alguna ONG o conoces a alguien que lo haga?**

Cuaderno de ejercicios p. 35 a 38 · Actividades interactivas

Paso a paso GRAMÁTICA

PRESENTE DE SUBJUNTIVO: VERBOS REGULARES

	hablar	**comer**	**vivir**
yo	habl**e**	com**a**	viv**a**
tú	habl**es**	com**as**	viv**as**
él/ella/usted	habl**e**	com**a**	viv**a**
nosotros/as	habl**emos**	com**amos**	viv**amos**
vosotros/as	habl**éis**	com**áis**	viv**áis**
ellos/ellas/ustedes	habl**en**	com**an**	viv**an**

1 **Completa estas frases con infinitivo, indicativo o subjuntivo.**

a ¡Ojalá me .... (llamar) Juanjo!
b Cuando .... (hablar, tú) en español, intenta abrir más la boca.
c ¡Te quedas sentada a la mesa hasta que te .... (terminar) todo el pescado!
d Mamen y Sara han venido para .... (presentar) su nuevo disco.
e Susana nos va a explicar una receta muy sencilla para que .... (aprender, nosotros) a hacer buñuelos de bacalao.
f Cuando .... (independizarse, yo), espero que .... (vivir, tú) cerca de mí.
g ¡Que la fuerza te .... (acompañar)!
h Quiero .... (cambiar, yo) mi número de teléfono.

2 **¿Quién crees que ha dicho las frases anteriores? Relaciónalas con estas imágenes y justifica tu respuesta.**

3 **Contesta a lo que te diga tu compañero/a.**

Alumno A

a "Soy el genio de la lámpara maravillosa: pide tres deseos y te serán concedidos".
b Te vas de vacaciones dentro de una semana, ¿qué quieres hacer?
c Imagina que es fin de año. ¿Qué deseos pides para el año que empieza?
d ¿Qué le pides al chico/a ideal?
e Piensa en ti dentro de quince años. ¿Qué le pides a la vida?

Alumno B

a Estás en una isla desierta y todo el mundo se ha olvidado de ti. ¿Qué desearías?
b Se acerca tu cumpleaños, ¿cuáles son tus deseos?
c Imagina que vas a conocer al presidente de tu país, ¿qué le pides?
d Mañana empieza el curso y tenéis nuevo profesor de español. ¿Cómo quieres que sea?
e ¿Qué le pides a tu ciudad ideal?

PRESENTE DE SUBJUNTIVO: VERBOS IRREGULARES

- Casi todos los **verbos irregulares** en presente de indicativo lo son también en presente de subjuntivo:
  - **Cambios vocálicos.**
    querer → qu**ie**ro → qu**ie**ra, qu**ie**ras, qu**ie**ra, queramos, queráis, qu**ie**ran.
    pedir → p**i**do → p**i**da, p**i**das, p**i**da, p**i**damos, p**i**dáis, p**i**dan.
    volver → v**ue**lvo → v**ue**lva, v**ue**lvas, v**ue**lva, volvamos, volváis, v**ue**lvan.
    Excepciones: *dormir* y *morir*.
  - **Cambios en la raíz** (para todas las personas).
    tener → **teng**o → tenga, tengas, tenga...
    salir → **salg**o → salga, salgas, salga...
    traer → **traig**o → traiga, traigas, traiga...
    poner → **pong**o → ponga, pongas, ponga...
    decir → **dig**o → diga, digas, diga...
    construir → **construy**o → construya, construyas...
- **Irregularidades propias** del presente de subjuntivo.

	haber	ir	saber	estar	ser	ver
yo	haya	vaya	sepa	esté	sea	vea
tú	hayas	vayas	sepas	estés	seas	veas
él/ella/usted	haya	vaya	sepa	esté	sea	vea
nosotros/as	hayamos	vayamos	sepamos	estemos	seamos	veamos
vosotros/as	hayáis	vayáis	sepáis	estéis	seáis	veáis
ellos/ellas/ustedes	hayan	vayan	sepan	estén	sean	vean

Ver **Apéndice gramatical** p. 119 Videogramas

4 **Completa la historia de Antoñito el fantasioso con los verbos entre paréntesis.**

Antoñito era un niño que se pasaba el día soñando.

– Cuando **a** .... (ser) mayor, me iré a vivir a Australia –decía siempre.

– Sí, te irás a Australia, pero tendrás que saber inglés –le respondía su madre.

– Bueno, estudiaré y cuando **b** .... (saber, yo) hablarlo bien, me iré. Por cierto, mamá, quiero que me **c** .... (comprar, tú) un buen diccionario, que me hará falta. Ojalá me **d** .... (dar, ellos) una beca para ir a estudiar a Australia... –pensaba siempre Antoñito–. Eso sí, espero que no me **e** .... (poner, los profesores) tantos deberes como aquí y que no **f** .... (llamar) a mi madre y le **g** .... (decir) que no estoy estudiando mucho. ¡Ay! –suspiraba Antoñito–. Ojalá me **h** .... (hacer) mayor pronto...

Los padres de Antoñito, que ya sabían que a su hijo le encantaba construir castillos en el aire, le decían:

– Sí, Antoñito, pero tú, hasta que no **i** .... (crecer, tú), estudia, hijo, estudia...

Antes de dormir, Antoñito le preguntaba a su madre:

– Mamá, cuando **j** .... (vivir, yo) en Australia, vendrás a verme, ¿no?

– Sí, hijo, sí, buenas noches, que **k** .... (dormir) bien y que **l** .... (soñar) con los angelitos, perdón, con los canguritos –se corregía su madre.

Hoy Antoñito vive en Australia y le va muy bien porque, como dice el refrán, cuando se quiere, se puede.

5 **Habla con tu compañero/a y cuéntale qué harás el resto de tu vida.**

– *Cuando termine el instituto, iré a la universidad; cuando esté en la universidad, estudiaré Periodismo; cuando termine Periodismo, me haré corresponsal y cuando...*

Cuaderno de ejercicios p. 38 a 40 Actividades interactivas

Suena bien

PRONUNCIACIÓN Y ORTOGRAFÍA

Diptongos, triptongos e hiatos

VOCALES EN CONTACTO (DIPTONGOS, TRIPTONGOS E HIATOS) Y SU ACENTUACIÓN

- El **diptongo** es la secuencia de dos vocales que se pronuncian en una **misma sílaba**:
  - ***i, u* + *a, e, o*** (tónica): *pi**a**-no, ci**e**-lo, vi**o**-lín, cu**a**n-do, **sue**-ño, cu**o**-ta, **ai**-re, p**au**-sa, p**ei**-ne, d**eu**-da, **oi**-go, L**ou**r-des.*
  - ***i, u* + *i, u*** (tónica): *cu**i**-dar, ci**u**-dad.*
- El **triptongo** es la secuencia de tres vocales pronunciadas en una **misma sílaba**:
  - ***i, u* + *a, e, o*** (tónica) + ***i, u***: *gu**a**u, con-fi**á**is, mi**a**u, bu**e**y.*
  - Cuando el diptongo o el triptongo se encuentran en la sílaba fuerte de una palabra, se siguen las reglas generales de acentuación: *ha-**céis**, can-**ción**, pen-**sáis**, des-**pués**, es-tu-**diáis**, **cuí**-da-lo.*

- El **hiato** es la secuencia de dos vocales pronunciadas en sílabas distintas:
  - dos vocales abiertas (***a, e, o***): *l**e**-**ó**n, p**a**-**e**-lla, **a**-**é**-r**e**-**o**, lí-n**e**-**a**.*
  - dos vocales iguales: *al-b**a**-**ha**-ca, r**e**-**e**-le-gir.*

  En ambos casos seguimos las reglas generales de acentuación.

  - ***í, ú* + *a, e, i***: *b**a**-**ú**l, ve-n**í**-**a**, p**ú**-**a**, **a**-h**í**, v**e**-h**í**-cu-lo, p**a**-**í**s.*

! Reglas generales de acentuación Ver **Apéndice gramatical** p. 121

19 **1** **Dictado. Escucha y escribe las palabras que oigas.**

19 **2** **Vuelve a escuchar las palabras y divídelas en sílabas.**

3 **Ahora, clasifica las palabras que tienen diptongos, triptongos o hiatos y coloca las tildes donde sea necesario.**

Diptongos	Triptongos	Hiatos

Cuaderno de ejercicios p. 40 y 41 Actividades interactivas

Sesión de cine

VÍDEO

LA ONG

SINOPSIS

Ricardo y sus compañeros de clase reciben una propuesta muy interesante para aprovechar el tiempo durante las vacaciones de verano. ¿De qué crees que se trata?

1 **Fíjate en las imágenes del vídeo y responde a las preguntas. Luego compara tus respuestas con las de tu compañero/a. ¿Estáis de acuerdo?**

a ¿Qué crees que representa el cartel?

b ¿Dónde crees que están?

c ¿Quién crees que es?

d ¿Qué crees que está haciendo en este momento?

2 **Observa el vídeo y haz las actividades que te va a repartir tu profesor/a.**

Secuencia de vídeo | Actividades interactivas

Mundo hispano

Cultura

LAS ONG

"Me encanta ser voluntario"

Cada vez hay más gente joven que prefiere hacer un voluntariado en el extranjero a ir directamente a la universidad. Ryan, un joven norteamericano, habla de su experiencia.

"Ser voluntario es genial. Mi vida cambió completamente después de pasar un mes en Guatemala", dice Ryan, un chico norteamericano de 16 años que viajó al país centroamericano en 2013. "Cuando llegué a Antigua, hablaba muy poco español. Pero una familia me recibió en su casa y hablando con ellos mi español mejoró rápidamente", cuenta. "Después de estar un mes con ellos, me siento parte de la familia. Ojalá pueda verlos pronto otra vez".

"Mi trabajo en Antigua era ayudar a construir casas en un barrio nuevo", explica Ryan. "Allí había también otros voluntarios internacionales. Hice amistad con una chica española, Ainhoa, que ya está de vuelta en Madrid. Espero que sigamos en contacto por correo electrónico y Skype".

"Como tenía las tardes libres, me invitaron a dar clases de inglés en la escuela del barrio", dice. "Me tocó una clase de chicos de ocho años y hablábamos muchísimo. Me hicieron preguntas sobre la vida en Illinois, donde yo vivo. También me enseñaron trabalenguas en español, ¡aunque son dificilísimos!", cuenta Ryan. "Me gustaría que vinieran a visitarme".

Además de pasar tiempo con los niños, Ryan recorrió las antiguas ciudades mayas y los parques naturales. "También participé en las fiestas de la Semana Santa, haciendo alfombras enormes de aserrín y flores", dice.

1 **¿Crees que España es un país solidario? Lee el siguiente texto y comprueba.**

Un país solidario

Se calcula que en España hay más de 3 000 ONG. La mayoría no pertenecen a ninguna ideología política o religiosa, aunque hay otras que sí. Dentro del territorio español el trabajo de las ONG se centra sobre todo en la ayuda a los colectivos más desfavorecidos, como pueden ser los drogodependientes, inmigrantes, mujeres y niños maltratados, o personas con algún tipo de discapacidad o sin recursos económicos.

En 2015, España encabezó el envío de ayuda humanitaria tras el terremoto de Nepal y también fue el tercer país del mundo en donaciones para la reconstrucción de Haíti después del seísmo de 2010. Sin embargo, solo el 15 % de la población española realiza donaciones de forma habitual, una cifra por debajo de la media europea (25 %). Según datos de la Asociación Española de Fundraising, el perfil habitual del donante en España es mujer (más de la mitad de los socios), con una edad media de unos 50 años y un nivel económico medio-alto, tiene estudios superiores y es urbanita (el 20 % de los socios de las ONG se concentran en Madrid y Barcelona).

(Adaptado de *www.spainun.org* y *www.ayudaenaccion.org*)

2 **Las ONG siempre necesitan voluntarios. A continuación te presentamos algunas de las ONG más representativas en España e Hispanoamérica. Completa los espacios en blanco con las palabras que has aprendido en esta unidad.**

Algunas organizaciones

Ayuda en Acción es una organización que lleva a cabo una **a** .... social para terminar con la **b** .... en todo el mundo y mejorar las condiciones de vida de las comunidades que sufren **c** .... bélicos o **d** .... naturales, mediante **e** .... de sensibilización de la población.

(www.ayudaenaccion.org)

Ecologistas en acción es una confederación de más de 300 grupos ecologistas de toda España que se unificaron en 1998. Entiende que los problemas relacionados con el **f** .... tienen su origen en un modelo de producción y consumo cada vez más globalizado e insostenible.

(www.greenpeace.org)

Global humanitaria es una organización independiente y laica que trabaja por la igualdad de oportunidades de las personas y los pueblos. Prestan especial atención a los niños, para que conozcan sus **g** .... y aprendan a defenderlos, gracias a las personas que hacen **h** .... o apadrinan a niños.

(www.globalhumanitaria.org)

3 **¿En cuál de ellas te gustaría colaborar y por qué? Habla con tu compañero/a. Después, completa este cuestionario para saber si estás preparado para trabajar en una ONG.**

1 ¿Te gustan los animales?
- **a** Sí, me encanta verlos en el zoo.
- **b** Sí, me gusta que estén en libertad.
- **c** Solo los que se comen.

2 ¿Cómo reaccionas cuando ves basura en la Naturaleza?
- **a** Piensas que la gente es muy sucia.
- **b** Te enfadas y recoges la basura.
- **c** Te parece normal, no hay papeleras.

3 Cuando viajas a otros países...
- **a** solo visitas los lugares turísticos.
- **b** te interesas por su cultura.
- **c** no quieres ver gente pobre.

4 Las personas se hacen voluntarias para...
- **a** sentirse bien con ellas mismas.
- **b** ayudar a los demás y sentirse útiles.
- **c** parecer buenas personas.

5 Cuando alguien necesita ayuda...
- **a** solo lo ayudas si tienes tiempo.
- **b** lo ayudas sin dudarlo.
- **c** lo ayudas si sabes que luego él te ayudará a ti.

Mayoría a: Eres capaz de ver las injusticias, pero te falta actuar. Si quieres colaborar con una ONG, empieza por alguna que esté cerca de tu casa hasta que estés más preparado/a.

Mayoría b: Sin duda eres una persona solidaria. Si todavía no perteneces a ninguna ONG, no esperes más, ¡necesitan gente como tú!

Mayoría c: No eres mala persona, pero eres un poco superficial, ¿no crees? Deberías pensar más en los demás.

VIAJE | VOLUNTARIADO VIRTUAL

Cada vez son más las ONG que ofrecen la posibilidad de colaborar con ellas desde casa, prestando un servicio de apoyo o docente a través de internet. Así lo hizo, por ejemplo, Rui Oliveira, un especialista en sistemas informáticos jubilado que ahora apoya a la ONG ghanesa News Africa.

Cuaderno de ejercicios p. 41 y 42 · Actividades interactivas

Érase una vez... LITERATURA

1 **Lee la biografía de Pablo Neruda y contesta a las preguntas.**

Pablo Neruda

Ricardo Eliecer Neftalí Reyes Basoalto (Chile, 1904-1973), más conocido como Pablo Neruda, ha sido uno de los poetas más influyentes en la literatura del siglo XX y así se le reconoció cuando en 1971 ganó el Premio Nobel de Literatura. Su obra es muy variada y extensa. En sus primeros años se caracteriza por el romanticismo y la melancolía, influenciado por el modernismo hispanoamericano de Rubén Darío y de su gran amiga, la poetisa Gabriela Mistral. De esta época es quizá una de sus obras más famosas: *Veinte poemas de amor y una canción desesperada* (1924).

Conoció a Federico García Lorca en Buenos Aires, a Picasso en Barcelona y a los autores de la Generación del 27 en Madrid. Impresionado por la guerra civil española y por el asesinato de Federico García Lorca, del que se había hecho muy amigo, escribió su obra *España en el corazón* (1937), un libro de poemas sobre el horror de la guerra y el dolor de las víctimas.

Pero Neruda siguió escribiendo bellos poemas de amor como los recogidos en *Cien sonetos de amor* (1959). También los objetos más cotidianos fueron fuentes de su inspiración, ejemplo de ello son sus famosas *Odas elementales* (1954): "Oda a la cebolla", "Oda a los calcetines"... Neruda decía que él escribía para gente sencilla, incluso para los que no sabían leer.

a ¿A qué época de la obra del autor pertenece *Veinte poemas de amor y una canción desesperada*?

b ¿Por qué se caracteriza dicha época?

c ¿Qué hechos mueven al autor a escribir *España en el corazón*?

d ¿En qué se inspiran las *Odas elementales*?

2 **Lee parte de un poema de Pablo Neruda y di cuál de las afirmaciones que siguen crees que es la correcta.**

[...]
Yo vivía en un barrio
de Madrid, con campanas,
con relojes, con árboles.

Desde allí se veía
el rostro seco de Castilla
como un océano de cuero.
Mi casa era llamada
la casa de las flores, porque por todas partes
estallaban geranios: era
una bella casa
con perros y chiquillos.

[...]
Y una mañana todo estaba ardiendo
y una mañana las hogueras
salían de la tierra
devorando seres,
y desde entonces fuego,
pólvora desde entonces,
y desde entonces sangre.

[...]
Preguntaréis por qué su poesía
no nos habla del sueño, de las hojas,
de los grandes volcanes de su país natal.

a El poema se llama "Oda a Madrid". Neruda primero hace una descripción de Madrid antes y después de la guerra y, más tarde, lo compara con su país natal.

b El poema se llama "Explico algunas cosas", pertenece a su obra *España en el corazón* y habla de cómo vivió Neruda el estallido de la guerra civil española y por qué cambió su estilo.

c El poema se llama "Yo vivía en un barrio", pertenece a la primera época de Neruda y trata sobre la nostalgia que Neruda siente por Madrid.

3 **El siguiente poema pertenece a *Cien sonetos de amor* y está dedicado a su tercera y última esposa, Matilde Urrutia, que fue su gran amor, su musa y su compañera hasta la muerte. Nos hemos emocionado tanto al leerlo que nuestras lágrimas han borrado algunas palabras. Complétalo siguiendo tu intuición.**

Soneto LXXXIX

Cuando yo ______ quiero tus ______ en mis ojos:
quiero la ______ y el trigo de tus manos amadas
pasar una vez más sobre mí su frescura:
sentir la suavidad que cambió mi destino.

Quiero que ______ mientras yo, dormido, te espero,
quiero que tus ______ sigan oyendo el ______,
que huelas el aroma del ______ que amamos juntos
y que sigas pisando la ______ que pisamos.

Quiero que lo que amo siga vivo
y a ti te ______ y canté sobre todas las cosas,
por eso sigue tú floreciendo, florida,

para que alcances todo lo que mi amor te ordena,
para que se pasee mi sombra por tu ______,
para que así conozcan la razón de mi canto.

20 **4** **Ahora escucha y comprueba.**

5 **Escribe tú un soneto siguiendo la misma estructura que Neruda.**

Cuando yo ....
quiero ....
....
....

Quiero que ....
quiero que ....
que ....
y que ....

Quiero que ....
....
por eso ....
....

para que ....
para que ....
para que ....

Actividades interactivas

Me preparo para el DELE

Prueba de expresión e interacción escritas

1 **Acabas de llegar a Barcelona y has ido a la oficina de turismo de la ciudad para solicitar información. Antes de marcharte, te piden que rellenes este formulario para un estudio que están haciendo sobre las características de los jóvenes turistas de la ciudad.**

OFICINA DE TURISMO DE BARCELONA

1. DATOS PERSONALES
   Nombre: ....
   Apellido(s): ....
   Nacionalidad: .... Edad: .... Sexo: V M
   Domicilio: ....
   ¿Con quién vives?: ....
   Teléfono: ....
   Correo electrónico: ....
2. TRABAJO/ESTUDIOS
   ¿Estudias o Trabajas? ¿Qué estudias o en qué consiste tu trabajo?
   ....
   ....
3. OCIO
   ¿Qué haces normalmente en tu tiempo libre?
   ....
   ....
   ¿Sueles viajar mucho? ¿Por qué? ¿Con qué frecuencia?
   ....
   ....
   ¿Cuáles son tus aficiones? ¿Practicas algún deporte?
   ....
   ....
   Lugares que te gustaría conocer: ....
   Motivos por los que te gustaría conocer ese lugar:
   ....
   ....

Fecha y firma
(necesarias)

2 **Escribe a un/a amigo/a español/a para invitarlo/a a pasar un fin de semana en tu ciudad. Explícale qué cosas vais a hacer, qué vais a visitar, cómo es la ciudad y qué tiempo hace. Dile también cómo esperas que sea el fin de semana. (80-100 palabras)**

Cuaderno de ejercicios p. 42 y 43 · Actividades interactivas

¡Me lo sé!

EVALUACIÓN

1 Imagina que el año que viene te vas a vivir a un país de habla hispana. Completa las frases con tus deseos para el futuro.

__/5

a Espero que ....
b Ojalá ....
c Quiero ....
d Deseo ....
e Quiero que ....

2 Elige la opción correcta.

__/7

a **En cuanto** / **Hasta que** llegues al aeropuerto, lo primero que debes hacer es facturar la maleta.
b **Al** / **Después** llegar la primavera los campos se llenan de flores.
c Me quedaré en casa **hasta que** / **antes de que** pare de llover.
d **Después de** / **Después** irnos, llegó Pedro.
e **Antes de** / **Después de que** salgamos del cine, iremos a tomar algo.
f Si quieres, puedes ver la tele **después** / **hasta que** sea la hora de cenar.
g **Cuando** / **Después de** cumpla los dieciocho, podré votar.

3 Completa los espacios con *para* o *para que* y el verbo entre paréntesis en su forma correspondiente.

__/5

a El profesor os ha mandado hacer un trabajo sobre las ONG .... (saber, vosotros) más cosas acerca de ellas.
b He comprado pan .... (hacer, yo) unos bocadillos.
c He venido .... (ver, nosotros) una película.
d Te he hecho esta bufanda .... (pensar, tú) en mí en Irlanda.
e Este aparato sirve .... (hacer, el aparato) helados.

4 Escribe el tiempo correcto.

__/9

a ¿Cuándo .... (venir, tú) a visitarnos? Tenemos muchas ganas de verte.
b Quiero .... (beber, yo) algo fresco.
c Hasta que no .... (irse) Juan, no voy a decir nada.
d Cuando mis abuelos .... (jubilarse), se fueron a vivir a Málaga.
e Mi hermana me ha dado un libro para que no .... (aburrirse, yo) durante el viaje.
f Espero que hoy .... (salir, nosotros) puntuales de la clase de español.
g Me voy antes de que .... (llover).
h Cuando .... (terminar, yo) la universidad, espero .... (trabajar, yo) en una buena empresa.

Ahora soy capaz de...

a ...expresar deseos.	Sí	No
b ...decir cuándo sucede algo.	Sí	No
c ...expresar finalidad.	Sí	No
d ...leer un poema de Neruda.	Sí	No

Sigue practicando con... Spanish Blogger Misión 21

Actividades interactivas

Unidad 4

¡HOY ME SIENTO BIEN!

Comunicación
- Expresar sentimientos y estados de ánimo

Vocabulario
- Adjetivos calificativos
- Actividades artísticas

Gramática
- Perífrasis verbales
- Verbos de cambio

Pronunciación y ortografía
- División de palabras a final de línea
- Extranjerismos

Sesión de cine
- *Mi banda*

Cultura
- La música hispana

Literatura
- Juan Ramón Jiménez, *Platero y yo*

¿Qué ves?

Antonio y Roberto son dos compañeros de **a** .... que están en la puerta de **b** .... hablando sobre una **c** .... que estaba escuchando Antonio. Esperan a que llegue el profesor de **d** .... para entrar en clase y, mientras hablan, ven a Adriana, que es una **e** .... de clase que le **f** .... a Antonio. Este, al ver que ella también lo mira, se pone rojo como un tomate de la **g** .... Detrás de Adriana viene el **h** .... de Música, al que no le gusta que los alumnos no estén **i** .... en su sitio cuando él llega a clase.

1 **Observa la imagen y piensa qué palabras son las que faltan en el texto.**

2 **Compara tus respuestas con las tu compañero/a. ¿Habéis coincidido? Después, comprobad las soluciones con las palabras que aparecen en este recuadro.**

compañera ▪ vergüenza ▪ sentados ▪ instituto ▪ gusta ▪ profesor ▪ Música ▪ canción ▪ clase

3 **Completa las frases con el verbo entre paréntesis en el tiempo adecuado y escribe el nombre del personaje del texto que las piensa.**

a Cuando *pase* (pasar) por aquí, ... (intentar) hablar con ella. ....

b Seguro que cuando lo .... (saludar), ... (ponerse) rojo. ....

c Antes de que .... (llegar) el profesor, ... (tener) que estar sentados. ....

d En cuanto *entre* (entrar) en clase, les .... (decir) que hay examen la semana que viene. ....

Comenzamos con un diálogo

4 **Lee el diálogo que mantuvieron Antonio y Roberto y completa los espacios en blanco con las siguientes palabras.**

atento ▪ musa ▪ coladita ▪ tonto ▪ distraído ▪ corte ▪ loco ▪ amor ▪ enamorado

Roberto: ¡Antonio! ¡Antoooonio!
Antonio: ¡Ay! Hola, Roberto, no te había visto.
Roberto: ¿Cómo me vas a ver, con lo **a** .... que estás?
Antonio: Es que estaba escuchando una canción que me encanta y...
Roberto: ¿Qué canción?
Antonio: La nueva de Nerea, ¿la has escuchado?
Roberto: Sí, claro, si es el tema más descargado de la semana en YouTube. Está bien, ella tiene una voz espectacular, pero... es demasiado romántica, ¿no? Bueno, para ti es perfecta porque con lo **b** .... que estás últimamente...
Antonio: Anda, ¿pero qué dices?
Roberto: ¿Que no? Pero si se te nota de lejos que estás **c** .... por Adriana. Cada vez que la ves, pones una cara de **d** ....
Antonio: Vale, vale, lo que tú digas. Por cierto, he compuesto un temazo. Si quieres, esta tarde lo ensayamos. A ver si nos da tiempo a tocarlo en el concierto.
Roberto: ¡Genial! Por cierto, mira quién viene por ahí, tu **e** ....
Antonio: ¡Ay, madre, qué **f** ....! Tú ahora **no te vayas** y **no me dejes solo**. Es que cuando estoy con ella no sé qué me pasa que nunca sé qué decirle y me da rabia que piense que soy un tonto...
Roberto: Pues dile, por ejemplo, que le has escrito una canción y que **quieres que vaya** a nuestro concierto. Seguro que **cuando te oiga** dedicándole "su" tema subido a un escenario, se queda **g** .... por ti. Ya sabes, a las chicas les encanta que les demostremos lo que sentimos por ellas...
Antonio: ¿Qué dices? No me atrevo... ¿Por qué no se lo dices tú?
Roberto: ¿Yoooo? ¡Pero si a mí no me gusta!
Antonio: ¡Ay! ¡Qué nervios! Ya viene y me está mirando...
Roberto: Sí, y detrás viene el profe de Música. Así que mejor dejas tu declaración de **h** .... para otro momento y entramos en clase, que **cuando nos vea** hablando en la puerta...
Antonio: Sí, mejor entramos. Por cierto, ¿tienes los apuntes del otro día? Es que no estuve muy **i** ....
Roberto: Sí, anda, y a ver si hoy escuchas más al profe y compones menos.
Antonio: Bueno, es que la inspiración llega **cuando menos te lo esperas**.

21 **5** **Ahora escucha el diálogo y comprueba.**

6 **Y tú, ¿te has sentido alguna vez igual que Antonio? Habla con tu compañero/a.**

7 **De las palabras o expresiones que aparecen en el diálogo:**

¿Cuál...

- **a** la puedes decir si algo te da vergüenza? ➔ ....
- **b** significa "estar enamorado"? ➔ ....
- **c** se dice de una canción muy buena? ➔ ....
- **d** se dice cuando una persona no presta atención? ➔ ....

8 **Fíjate en las frases que aparecen en negrita en el diálogo y habla con tu compañero/a. ¿Cuál es la estructura? ¿Y su uso? ¿Qué tienen en común?**

Actividades interactivas

Hablar por hablar

COMUNICACIÓN

1 **¿Cómo te sientes en estas ocasiones? Habla con tu compañero/a.**

un día de lluvia ▪ en primavera ▪ antes de un examen ▪ en Navidad
si ves una pelea ▪ en un concierto ▪ en el mar ▪ en el dentista ▪ de vacaciones
después de un examen ▪ en el teatro

EXPRESAR SENTIMIENTOS Y ESTADOS DE ÁNIMO (I)

Estoy *(estar)*	contento/a, nervioso/a, encantado/a, triste, aburrido/a, ...	***con*** *la nueva profesora de Literatura.* (nombre) ***cuando/si*** *juega mi equipo.* (indicativo) ***de*** *estar aquí.* (infinitivo: mismo sujeto) ***de que*** *te vayas.* (subjuntivo: diferente sujeto)

! – ***Estoy preocupado/a por*** *Álex. Hace días que no viene a clase.*

Me pongo *(ponerse)*	alegre, furioso/a, nervioso/a, contento/a, de mal/buen humor...	***cuando*** *escucho mi música favorita.* ***si*** *me cuentan el final de una película.*
Me siento *(sentirse)*	bien/mal/fatal...	

Adoro **No soporto** **No aguanto** **Odio**	*los paisajes de Asturias.* (nombre) *madrugar.* (infinitivo: mismo sujeto) ***que*** *me empujen en el metro.* (subjuntivo: diferente sujeto)

Ver **Apéndice gramatical** p. 122

2 **Completa los diálogos con estos adjetivos y los verbos del recuadro anterior.**

nervioso ▪ histérica ▪ tranquilo ▪ preocupado ▪ serio

a

- Pero, ¿qué te pasa? Desde que has llegado **1** .... muy **a** ....…
- Es que **2** .... **b** .... por el examen de mañana. He estudiado mucho, pero ahora creo que estoy hecho un lío y no entiendo nada.
- Bueno, eso es normal, yo también **3** .... **c** .... antes de un examen. Mira, hazte una infusión y vete pronto a la cama, ya verás como mañana, después de descansar, **4** .... más **d** .... y te acuerdas de todo.

b

- Sergio, ¿has sido tú el que ha usado mi ordenador?
- ¡Ay, sí! Es que le he dejado mi portátil a Santi.
- ¿Y por qué no me lo pides? ¡Te he dicho mil veces que no **5** .... que me cojan las cosas sin pedírmelas!
- Bueno, no te pongas así, ha sido un momento…
- Que no, Sergio, que no. Además, sabes de sobra que **6** .... que me toquen mi ordenador, pero nada, tú siempre igual…
- ¡Vale, vale, hija! No **7** .... **e** ....…

22 **3** **Ahora escucha y comprueba.**

4 **Vuelve a la actividad 1 y explícale a tu compañero/a, con las expresiones aprendidas, cómo te sientes en esas situaciones.**

23 **5** **Escucha el diálogo y completa el recuadro.**

EXPRESAR SENTIMIENTOS Y ESTADOS DE ÁNIMO (II)

(A mí) **me**
(A ti) **te**
(A él/ella/usted) **le**
(A nosotros/as) **nos**
(A vosotros/as) **os**
(A ellos) **les**

da/n
- rabia – ....
- vergüenza – ....
- igual – ....
- lástima – ....

pone/n
- triste – ....
- alegre – ....
- histérico/a – ....
- de buen humor – de los nervios
- de mal humor

........................../n
molesta/n
indigna/n
impresiona/n

ver una película empezada. (quien experimenta el sentimiento y quien realiza la acción es la misma persona)

***que** la gente coma palomitas en el cine.* (quien experimenta el sentimiento y quien realiza la acción son personas distintas)

las películas de amor. (nombre)

– *(A nosotros) Nos pone nerviosos (nosotros) tener que esperar en la cola del cine.*
– *(A mí) Me da rabia que en el cine (otras personas) hablen durante la película.*

Videogramas Ver **Apéndice gramatical** p. 122

6 **Relaciona.**

1 Me da vergüenza...
2 Me pone de mal humor...
3 A mi madre le da mucha rabia...
4 Me aburren...
5 Mamá, no sé por qué te da miedo...

a que llegue a casa de noche, nunca voy solo.
b que salga de casa sin hacer mi cama.
c que la gente haga fotos con *flash* en los museos.
d actuar delante de tanta gente.
e las películas históricas.

7 **Completa los espacios con los verbos aprendidos en la forma correcta.**

a .... que el guitarrista de La sonrisa de Eva quiera dejar el grupo.
b .... las personas que se cuelan en la cola del cine.
c ¿No .... que la ópera sea tan cara?
d .... escuchar música alegre.
e A mi hermana .... las películas de terror, pero a mí no.
f .... que no sea gratis entrar a los museos.

8 **A Antonio le gusta Adriana, pero le pone nervioso estar cerca de ella. Busca situaciones que te produzcan estos sentimientos y cuéntaselo a tu compañero/a.**

a Me molesta que...
b Me pone nervioso/a que...
c Me da vergüenza...
d Me aburren...
e Me da pena que...
f Me dan miedo...
g Me da rabia...
h Me ponen de buen humor...
i Me pone de mal humor...
j Me indigna que...

– *Me molesta que pongan anuncios cuando estoy viendo una película en la tele.*

Cuaderno de ejercicios p. 44 a 47 Actividades interactivas

Palabra por palabra VOCABULARIO

Adjetivos calificativos

El adjetivo calificativo informa de una propiedad, cualidad o característica del nombre al que acompaña.

- Los adjetivos ***bueno***, ***malo*** y ***grande*** se acortan delante del nombre:
  – *Es un **buen hijo**.* – *No es un **mal ejemplo**.* – *Es una **gran película**.*
- Cuando el adjetivo se antepone al nombre puede cambiar de significado:
  – *Es un **gran** libro.* (calidad) / *Es un libro **grande**.* (tamaño)
  – *Es un **viejo** amigo.* (de hace años) / *Es un amigo **viejo**.* (edad)
  – *Es un **único** ejemplar.* (no hay más) / *Es un ejemplar **único**.* (no hay otro igual)

  En algunos casos, esta anteposición tiene simplemente un valor enfático:
  – *Tenemos un **serio** problema.*
- A veces podemos formar el contrario de un adjetivo de carácter añadiéndole un prefijo como ***in-*** o ***des-***:

  *paciente ≠ **im**paciente* *útil ≠ **in**útil*
  *agradable ≠ **des**agradable* *leal ≠ **des**leal*

1 **Escribe en tu cuaderno frases en las que quede clara la diferencia de significado entre:**

a Es una empresa grande / Es una gran empresa.
b Es un alumno viejo / Es un viejo alumno.
c Es una única obra / Es una obra única.

2 **Completa las frases con los siguientes adjetivos.**

tranquilo ▪ preocupado ▪ sociable ▪ generoso ▪ tolerante ▪ sincero ▪ flexible ▪ falso ▪ egoísta

a Si siempre digo la verdad, soy ……………; pero si no digo lo que pienso, soy ……………
b Cuando no estoy nervioso, estoy ……………
c Si me gusta compartir lo mío con los demás, soy ……………; pero si lo quiero todo para mí y no pienso en los demás, soy ……………
d Si me gusta relacionarme con las personas, soy ……………
e Cuando me adapto fácilmente a las situaciones y acepto los cambios, soy ……………
f Si acepto otras opiniones y a las personas diferentes a mí, soy ……………
g Cuando tengo un problema, estoy ……………

3 **Escribe el contrario de los siguientes adjetivos.**

a flexible ➔ inflexible
b comprensivo/a ➔ ……………
c educado/a ➔ ……………
d preocupado/a ➔ ……………
e responsable ➔ ……………
f tolerante ➔ ……………
g fuerte ➔ ……………
h tranquilo/a ➔ ……………
i puntual ➔ ……………
j sociable ➔ ……………
k optimista ➔ ……………
l introvertido/a ➔ ……………
m trabajador/a ➔ ……………
n seguro/a ➔ ……………
ñ paciente ➔ ……………
o falso/a ➔ ……………

4 **¿Cómo te describirías? ¿Cómo describirías a tu compañero/a? Habla con él/ella para ver si coincidís.**

Cuaderno de ejercicios p. 47 y 48

Actividades artísticas

5 **Completa los siguientes recuadros de las actividades artísticas con las palabras que tienes a continuación. Ten en cuenta que algunas pueden colocarse en más de un lugar.**

flash ▪ ciencia ficción ▪ melodía ▪ compositor ▪ obra ▪ cuadro ▪ acueducto ▪ paisaje
violinista ▪ novelista ▪ ~~ensayar~~ ▪ aventuras ▪ estatua ▪ retrato ▪ canción
poema ▪ galería de arte ▪ pintar ▪ escultor ▪ baile ▪ fotografiar ▪ orquesta ▪ *ballet* ▪ diseñar
policíaca ▪ tratar de ▪ muralla ▪ cámara ▪ álbum ▪ poeta ▪ bailarín ▪ histórica
contar ▪ cuento ▪ ~~tema~~ ▪ guitarrista ▪ *zoom*

Música

tema, ensayar...

Arquitectura

Danza

Escultura

Literatura

Fotografía

Pintura

6 **Combina estos verbos con las palabras de la actividad anterior.**

a Componer ➔ un tema, ...
b Tocar ➔ ....
c Tomar ➔ ....
d Escribir ➔ ....
e Sacar ➔ ....
f Construir ➔ ....

24 **7** **Escucha los testimonios de varias personas y escribe su profesión y de qué hablan en cada caso.**

a ....
b ....
c ....
d ....

8 **Habla con tu compañero/a.**

a ¿Has practicado alguna de estas actividades artísticas? ¿Cuál?
b ¿Hay alguna que te gustaría practicar y aún no lo has hecho?
c ¿Crees que tienes alguna aptitud artística? ¿Eres bueno/a haciendo algo?
d ¿Cuál es tu obra favorita de cada actividad artística? ¿Por qué?

Cuaderno de ejercicios p. 49 y 50

Actividades interactivas

Paso a paso GRAMÁTICA

PERÍFRASIS VERBALES

- ***Empezar/Ponerse a*** + infinitivo
  - Expresan el inicio de una acción:
    – *He **empezado a leer** un libro muy interesante.*
    – *Luis, ¡**ponte a hacer** los deberes ahora mismo!*
- ***Volver a*** + infinitivo
  - Expresa la repetición de una acción:
    – *El año pasado fui a Barcelona y este año **he vuelto a ir**.*
- ***Seguir/Continuar*** + gerundio
  - Expresan la continuación de una acción:
    – ***Sigo estudiando** en el mismo instituto que el año pasado.*
    – *El año pasado iba a clases de teatro y este **continuaré yendo**.*
- ***Acabar de*** + infinitivo
  - Expresa una acción terminada recientemente:
    ▸ *¡**Acabo de ver** al chico que conocimos ayer en el concierto!*
    ▸ *¿Dónde, dónde? Yo no lo veo.*
- ***Dejar de*** + infinitivo
  - Expresa la interrupción de una acción:
    – ***He dejado de ir** a clases de guitarra porque no tengo tiempo.*

Ver **Apéndice gramatical** p. 123

Videogramas

1 **Completa el texto con las perífrasis adecuadas.**

Mensaje nuevo

De: Roberto
Para: NachoVela@hotmail.com
Asunto: Cosas que pasan

Nacho, ¡no te vas a creer lo que ha pasado esta mañana!
a .... (Entrar, nosotros) en clase cuando el profesor **b** .... (escribir, él) en la pizarra los acordes de una canción. Todos la hemos reconocido rápidamente y **c** .... (cantarla) en voz baja. Pero, de pronto, Antonio **d** .... (cantar) en voz alta, mirando hacia Adriana. Entonces el profesor le ha dicho que se calle, pero Antonio **e** .... (cantar), mientras Adriana y el resto de la clase lo mirábamos alucinados. Cuando el profesor le **f** .... (decir) que se calle, amenazándolo con castigarlo, Antonio **g** .... (cantar), pero antes le ha dicho a Adriana que quería decirle las palabras de esa canción desde hacía mucho tiempo.

2 **Piensa en tu vida actual. Seguro que hay cosas que han cambiado y otras que siguen igual. Escribe en tu cuaderno un texto donde aparezcan las perífrasis estudiadas, añadiendo entre ellas una información falsa. Después, en parejas, leed lo que ha escrito el compañero/a y encontrad la información falsa.**

– *El año pasado fui de vacaciones a la Costa Brava y me gustó tanto que este año he vuelto a ir...*

Cuaderno de ejercicios p. 50 y 51

VERBOS DE CAMBIO

Para expresar **cambios espontáneos o provisionales** en una persona usamos:

- ***Ponerse*** + adjetivo
  – *Al hablar **se ha puesto** muy nervioso.* – ***Se ha puesto** roja cuando le han preguntado.*
- ***Quedarse*** (indica el resultado, el estado final)
  – ***Se ha quedado** muy sorprendido por la noticia.* – *¡Mi madre **se ha quedado** embarazada!*
  • A veces, ***quedarse*** también expresa cambios permanentes: *Mi abuelo **se quedó** calvo.*

Para expresar **cambios permanentes** usamos:

- ***Volverse*** (no voluntario)
  – ***Se ha vuelto** un antipático. Antes no era así.*
  – *Desde su divorcio, **se ha vuelto** más reservada.*
- ***Hacerse*** (cambio voluntario o gradual)
  – *Antes era abogado y ahora **se ha hecho** juez.* – *Con esa situación **se hizo** fuerte.*
  • Puede aparecer con adjetivos y sustantivos que expresan profesión, religión e ideología.
  – *Estudió Medicina y **se hizo** médico.* – *Viajó al Tíbet y **se hizo** budista.*

3 **Completa con el verbo de cambio correcto.**

a .... un antipático
b .... blanco
c .... guapa
d .... más delgado
e .... contenta
f .... más sociable
g .... vegetariano
h .... un irresponsable
i .... empresaria

4 **Ahora, termina las frases con algunas expresiones del ejercicio anterior.**

a Desde que es famoso siempre contesta mal a todo el mundo, ...
b Los han invitado a la inauguración de una galería de arte, ...
c Estudió un máster de negocios muy prestigioso y ....
d Desde que es bailarina ....
e Cuando le han dado la nota del examen de Literatura ....
f Desde que trabaja en una ONG en defensa de los animales ....

25 **5** **Blanca y Esther, dos amigas que se conocieron en el instituto, hablan de la fiesta de exalumnos a la que Esther no pudo ir. Escucha y completa con los cambios en la vida de cada uno de ellos.**

	Aspecto físico	Carácter	Profesión	Ideología	Vida personal
Martín					
Carolina					
Gustavo					
Antonio					
Elena					
Dani					

Cuaderno de ejercicios p. 51 y 52
Actividades interactivas

Suena bien — PRONUNCIACIÓN Y ORTOGRAFÍA

División de palabras a final de línea y extranjerismos

DIVISIÓN DE PALABRAS A FINAL DE LÍNEA

- Cuando escribimos un texto y la palabra no nos cabe a final de una línea, cortamos la palabra separando las sílabas y colocamos un **guion**.

  *La música es el arte de combinar los sonidos de la voz humana o de un **instru-mento** para deleitar o conmover la sensibilidad.*

  Atención: Los grupos ***pr***, ***br***, ***bl***, ***cl***, ***ch***, ***ll***, ***rr***, ***gu***, ***qu***... no se pueden separar.

- Tampoco hay que separar:
  - Los prefijos: ***pre-****/historia;* ***geo-****/logía;* ***inter-****/relacionado.* Atención: ***sub-****/rayar.*
  - Los grupos de dos o tres vocales: *come-/r**éis**; pro**hi**-/bido; ca-/**lie**nte.*
  - Cuando una vocal queda sola al final o al comienzo de un renglón: ***a****le-/grí****a****; ac-/tú****a****;* ***a****mis-/tad.*
  - Cuando hay consonantes seguidas en una misma sílaba: *supe**rs**-/ticioso; a**bs**-/tracto.*
  - Cuando después de un punto y seguido, va una sílaba de tres letras o menos: *Ayer cenamos en un restaurante. **Co**mi-/mos...*
  - Las palabras de solo cuatro letras: *pero; solo; raro...*

  Atención: La ***x*** va unida a la siguiente letra cuando va seguida de vocal (*bo-/**xe**o; refle-/**xi**ón*) o con la anterior si le sigue una consonante (*m**ix**-/to*).

1 **Separa estas palabras de todas las formas posibles a final de línea.**

a arreglo ➔ ....

b guerrero ➔ ....

c examen ➔ ....

d atmósfera ➔ ....

e boxeador ➔ ....

f Geografía ➔ ....

g extraño ➔ ....

h averiguar ➔ ....

i constante ➔ ....

j inscribirse ➔ ....

k península ➔ ....

l construcción ➔ ....

EXTRANJERISMOS

En español usamos algunas palabras que proceden de otras lenguas. Se dividen en:

- **Voces adaptadas**

  Se adaptan a la ortografía y pronunciación del español: estrés, eslogan, cabaré...

- **Voces no adaptadas**

  Se escriben igual que en la lengua original y su pronunciación es más o menos aproximada a ella: *pizza, rock and roll, jazz, pendrive.*

26 **2** **Dictado.**

3 **Compara las palabras que has escrito con las de tu compañero/a. Se trata de extranjerismos muy comunes entre los hispanohablantes. Después, decidid cuáles creéis que son voces adaptadas y cuáles no.**

Cuaderno de ejercicios p. 53 y 54 · Actividades interactivas

Sesión de cine **VÍDEO**

MI BANDA

SINOPSIS

Sandra, Roberto y Antonio se reúnen para ensayar después un concierto y comentan un tema nuevo que les ha gustado especialmente porque la canción habla de una interesante historia personal. ¿De qué tratará la canción?

1 **Con tu compañero/a, responde a las siguientes preguntas.**

- **a** ¿Te gustan los conciertos? ¿Tocas algún instrumento?
- **b** ¿Cuándo fue la última vez que escuchaste música en vivo?
- **c** ¿Te gustaría formar parte de un grupo musical?

2 **Mira las imágenes del vídeo y responde a las preguntas.**

- **a** ¿Qué crees que están haciendo?
- **b** ¿Qué instrumentos musicales están tocando?
- **c** ¿Qué tipo de música crees que tocan?

3 **Observa el vídeo y haz las actividades que te va a repartir tu profesor/a.**

Secuencia de vídeo — Actividades interactivas

Mundo **hispano**

Cultura

MÚSICA HISPANA

a

b

c

d

1 **Fíjate en las imágenes, ¿sabes qué bailes o tipo de música representan?**

2 **Relaciona estos tipos de música con las imágenes anteriores.**

- ▢ el flamenco
- ▢ la salsa
- ▢ las rancheras
- ▢ el tango

3 **¿Quieres saber algo más sobre ellos? Lee los textos y escribe en los espacios a qué música se refieren.**

Música y baile

a Original del Río de la Plata, ... nació de la fusión cultural entre los nativos y los inmigrantes europeos que se afincaron en aquella zona en las últimas décadas del siglo XIX. Se baila en parejas enlazadas, de forma muy pasional y sensual. Las letras de sus canciones, basadas en un argot local llamado *lunfando*, expresa tristezas de carácter principalmente amoroso.

b Género tradicional originado en el siglo XVIII, relacionado con la cultura andaluza y la etnia gitana. Sus principales facetas son el baile, el cante y el toque. En la década de los 70, la renovación del género y el contacto con otros estilos dio paso al llamado .... fusión, siendo Camarón de la Isla y Paco de Lucía dos de sus figuras más importantes. En 2010 la Unesco lo declaró Patrimonio Cultural Inmaterial de la Humanidad.

c Género popular de la música mexicana, interpretada principalmente por mariachis y de estilo muy emocional. Nació en el siglo XIX y más tarde se convirtió en icono de la expresión popular de México. Curiosamente, ... alcanzaron fama mundial gracias a una cantante española: Rocío Dúrcal, considerada la reina de este género musical. Entre las décadas de los 70 y 90 Vicente Fernández y su hijo Alejandro Fernández, entre otros, siguieron manteniendo vivo este género.

d Género musical del siglo XX, de origen afrocubano, muy bailable, y ejecutado por una orquesta que toca instrumentos de percusión, viento y cuerda, junto con uno o varios cantantes. .... nació de la mezcla de otros bailes como el mambo o el chachachá y forma parte de los conocidos como ritmos caribeños, entre los que también destacan el merengue o la cumbia.

27 **4** **Realiza ahora un recorrido por la música de distintos países de habla hispana con la actividad que te va a proponer tu profesor/a.**

5 **Lee el siguiente texto sobre el pop español y completa los espacios con las frases que aparecen a continuación.**

El pop español

El género que más seguidores tiene hoy en España es el pop, **1** .... En los 60 y 70, **2** ...., fueron famosos grupos como los Brincos, los Bravos o Fórmula V.

En los 80, influidos por la conocida *movida madrileña,* surgen grupos como Alaska y Dinarama, los Secretos o Radio Futura. **3** .... Actualmente, grupos pop punteros en el panorama musical español **4** .... son: Maldita Nerea, Vetusta Morla, Amaral o Pereza, entre otros.

Es importante señalar también que el flamenco ha ejercido una gran influencia en muchos de los grupos y cantantes de la actualidad: así, **5** ...., como es el caso de Chambao y su flamenco-chill, Melendi o Antonio Orozco.

- **a** Después les seguirán Hombres G, Mecano o Duncan Dhu, líderes indiscutibles de aquella década
- **b** música que se puede cantar y bailar, tiene su origen con la llegada del *rock* a España en los años 50
- **c** mientras grupos como Ojos de Brujo o El Barrio imitan sus compases, otros se decantan por nuevas y arriesgadas fusiones
- **d** décadas conocidas como la *era dorada de los grupos españoles*
- **e** y que suelen encabezar listas de éxitos

6 **Habla con tu compañero/a.**

- **a** ¿Conoces alguno de estos estilos musicales o cantantes? ¿Te gustan?
- **b** ¿Conoces otros cantantes o grupos musicales hispanos? ¿Cuáles?

28 **7** **¿Piensas que hay relación entre la música y las emociones? ¿Has pensado alguna vez en el carácter social de la música? Habla con tu compañero/a y decide si las siguientes afirmaciones son verdaderas (V) o falsas (F). Después, escucha y comprueba.**

- **a** Ⓥ Ⓕ La cultura a la que pertenecemos influye en nuestra manera de entender la música.
- **b** Ⓥ Ⓕ La música influye en nuestro estado de ánimo, incluso en nuestro comportamiento.
- **c** Ⓥ Ⓕ Todas las sociedades poseen escritura, pero algunas no poseen música.
- **d** Ⓥ Ⓕ La música nos ayuda a comunicarnos y a entender mejor a los demás.

SOCIEDAD | LA MÚSICA URBANA ES EL NUEVO POP

Los raperos y traperos llenan salas, las grandes compañías discográficas se pelean por ficharlos. Parece que la música urbana es el nuevo pop, pero, ¿qué es la música urbana? Como pasa a menudo en la música, las fronteras son difusas, pero se puede decir que tiene mucho que ver con el hip hop, el soul e incluso el reguetón. Algunos de los nombres que más suenan en la actualidad son Christian Flores, Residente, Daddy Yankee y C. Catana, entre otros, artistas que imprimen un nuevo rumbo a la música en español.

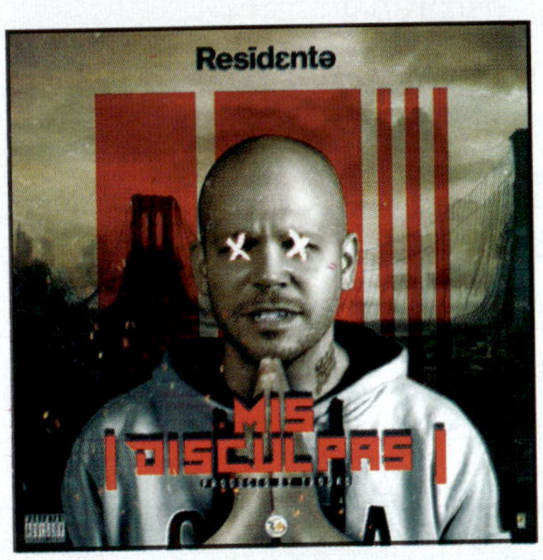

Cuaderno de ejercicios p. 54 y 55 Actividades interactivas

Érase una vez... LITERATURA

1 **El siguiente texto habla sobre la biografía del escritor Juan Ramón Jiménez. Léelo y ordena los párrafos.**

Juan Ramón Jiménez

a ☐ De carácter hipersensible, la melancolía lo acompañó a lo largo de su vida. En 1913 conoce al gran amor de su vida, Zenobia Camprubí, con la que se casó en 1916.

b ☐ En 1936, al estallar la Guerra Civil, abandonan España para no regresar nunca. Estados Unidos, Cuba y Puerto Rico fueron sus lugares de residencia a partir de entonces.

c ☐ La primera se caracteriza por ser íntima, emotiva y sentimental, abundan también la melancolía, la música, los recuerdos y los ensueños. El modernismo y el simbolismo francés influirán en esta etapa de juventud. Es el tiempo en el que escribió la obra que lo inmortalizó, *Platero y yo,*

d [1] Juan Ramón Jiménez nació en Huelva (España) en 1881. Fue un niño solitario y su infancia transcurrió en el pueblo de Moguer, en contacto con la naturaleza.

e ☐ el libro español traducido a más lenguas del mundo, junto con el *Quijote.* Escrita en prosa poética, está inspirada en la amistad del autor con un burro pequeño y peludo que lo acompañó en sus paseos por su pueblo natal.

f ☐ Ya en el colegio se sintió atraído primero por la pintura, después por la música y, finalmente, por la poesía.

g ☐ Otra de sus obras más conocidas, *Diario de un poeta recién casado* (1917), representa una ruptura con la poesía *sensitiva*, iniciándose así una poesía más *intelectual* que lo situará en el camino hacia otra más *metafísica* y *depurada* en su última etapa.

h ☐ En 1956, recibió el Premio Nobel de Literatura. Él moriría tan solo dos años después de recibirlo. Su obra es muy extensa y su poesía pasa por distintas etapas.

2 **Relaciona las siguientes palabras con su definición correspondiente.**

1 azabache •
2 escarabajo •
3 hocico •
4 gualdo/a •
5 trote •
6 cascabeleo •
7 higo •
8 ámbar •
9 despacioso/a •

• a Insecto que busca el excremento de otros animales para alimentarse.
• b Amarillo/a. Se dice así porque hay una flor de este color con el mismo nombre.
• c Sonido que producen los cascabeles.
• d Tipo de carbón, de color negro, que se usa como adorno en collares, pulseras...
• e Resina fósil de color amarillo, que se emplea en collares, etc.
• f Modo de caminar acelerado de algunos animales, que avanzan saltando.
• g Fruto de la higuera, dulce, de color verde por fuera y blanco o rojo por dentro.
• h Lento/a, pausado/a.
• i Parte de la cabeza de algunos animales en la que están la boca y la nariz.

3 **Lee y escucha el siguiente fragmento de la obra titulada *Platero y yo* de Juan Ramón Jiménez.**

Platero y yo

Platero es pequeño, peludo, suave; tan blando por fuera, que se diría todo de algodón, que no lleva huesos. Solo los espejos de azabache de sus ojos son duros cual dos escarabajos de cristal negro.

Lo dejo suelto y se va al prado, y acaricia tibiamente con su hocico, rozándolas apenas, las florecillas rosas, celestes y gualdas... Lo llamo dulcemente: "¿Platero?", y viene a mí con un trotecillo alegre que parece que se ríe, en no sé qué cascabeleo ideal...

Come cuanto le doy. Le gustan las naranjas mandarinas, las uvas moscateles, todas de ámbar; los higos morados, con su cristalina gotita de miel...

Es tierno y mimoso igual que un niño, que una niña...; pero fuerte y seco por dentro, como de piedra... Cuando paseo sobre él, los domingos, por las últimas callejas del pueblo, los hombres del campo, vestidos de limpio y despaciosos, se quedan mirándolo:

– *"Tien' asero..."*

Tiene acero. Acero y plata de luna, al mismo tiempo.

4 **Contesta a estas preguntas y coméntalas con tu compañero/a.**

a Según el texto y la imagen, ¿qué animal es Platero?

b ¿Cómo es físicamente? ¿Y su carácter o personalidad?

c El autor utiliza metáforas y comparaciones para describir a Platero. ¿Podrías localizarlas en el texto? ¿Sabes qué significan todas?

5 **En su primera etapa, el autor intenta provocar sensaciones a partir de sus descripciones. ¿Qué sensaciones te provoca la descripción de Platero?**

6 **¿Tienes o has tenido algún animal? Intenta escribir una descripción de él, igual que lo hace el autor, usando metáforas y comparaciones. Si no tienes ninguna mascota, puedes describir a alguien muy querido por ti.**

....

....

....

....

....

....

....

Dibuja aquí al animal o la persona descrita.

7 **¿Piensas que tener animales es bueno para desarrollar algunos sentimientos positivos? ¿Crees que puede ayudar a superar otros negativos? ¿Cuáles? Coméntalo con tu compañero/a.**

Actividades interactivas

Prueba de comprensión auditiva

30 **1** **A continuación escucharás cuatro diálogos breves entre dos personas. La persona que responde lo hace de tres formas distintas, pero solo una es adecuada. Oirás cada diálogo dos veces. Después de la segunda audición, marca la opción correcta.**

Diálogo 1:

- a ☐ Sí, ha empezado a estudiar.
- b ☐ No, acaba de terminar.
- c ☐ Sí, ha dejado de estudiar.

Diálogo 2:

- a ☐ Me pongo muy nerviosa.
- b ☐ No soporto nada.
- c ☐ Me siento de buen humor.

Diálogo 3:

- a ☐ Me he vuelto nerviosa.
- b ☐ Me quedé nerviosa.
- c ☐ Me puse roja.

Diálogo 4:

- a ☐ Estar siempre en alerta.
- b ☐ Esperar a la inspiración.
- c ☐ Cerrar los ojos y escuchar la melodía.

31 **2** **A continuación escucharás dos diálogos muy breves. Se te hará una pregunta acerca de cada uno de ellos. Escoge una de las tres respuestas que se proponen. Oirás cada diálogo dos veces. Después de la segunda audición, marca la opción correcta.**

Diálogo 1: ¿Dónde creía el chico que la chica había hablado con Juan?

a ☐

b ☐

c ☐

Diálogo 2: ¿Qué prenda está agotada en la tienda?

a ☐

b ☐

c ☐

32 **3** **A continuación vas a oír la megafonía de un centro escolar. La oirás dos veces. Después de la segunda audición, marca verdadero (V) o falso (F).**

- a Las bases del concurso se pueden consultar en internet y en los tablones informativos del instituto. (V) (F)
- b El sobre en el que tienen que enviar el escrito se puede recoger en el Departamento de Lengua y Literatura del instituto. (V) (F)
- c La modalidad del trabajo es libre. (V) (F)

Cuaderno de ejercicios p. 55 y 56 · Actividades interactivas

¡Me lo sé!

EVALUACIÓN

1 **Completa las frases con el verbo entre paréntesis en la forma correcta.**

__/7

a Estoy contenta de que .... (llegar) las vacaciones.
b Estoy triste cuando .... (despedirse, yo) de un amigo por mucho tiempo.
c Me enfado si mi hermana .... (ponerse) mi ropa sin pedírmela.
d Me molesta que la gente .... (tirar) papeles al suelo.
e Nos preocupa no .... (entregar, nosotros) el trabajo a tiempo.
f Odio .... (hacer, yo) mi cama por las mañanas.
g Me pongo nervioso cuando .... (esperar, yo) el autobús y tarda mucho en llegar.

2 **Coloca las siguientes palabras en el recuadro correspondiente.**

__/10

de mal humor ▪ pena ▪ rabia ▪ triste ▪ lástima ▪ igual ▪ de los nervios ▪ vergüenza

Poner	Dar

Ahora escribe una frase con cada uno de los verbos.
Poner ....
Dar ....

3 **Escribe de nuevo las siguientes frases usando perífrasis verbales, como en el ejemplo.**

__/5

a Juan ha suspendido el examen de Música de nuevo.
(Volver a) ➔ Juan ha vuelto a suspender el examen de Música.
b Ana y Luis eran muy amigos, pero hace un mes se enfadaron y ahora no se hablan.
(Dejar de) ➔ ....
c María empezó a estudiar solfeo a los 8 años y ahora con 16 años todavía lo estudia.
(Seguir) ➔ ....
d Me he apuntado a clases de guitarra y voy desde hace una semana.
(Empezar a) ➔ ....
e He visto al profesor de Música hace cinco minutos.
(Acabar de) ➔ ....
f A Carlos le gustaban los dibujos animados de pequeño y ahora también le gustan.
(Continuar) ➔ ....

4 **Selecciona la opción correcta en cada caso.**

__/5

a Como dejó el deporte, **se puso** / **se volvió** / **se quedó** muy gordo.
b Desde que le han robado, **se ha puesto** / **se ha vuelto** / **se ha quedado** más desconfiada.
c Como ya sabe que ha aprobado, **se ha puesto** / **se ha vuelto** / **se ha quedado** tranquilo.
d Como la invitaron a un concierto, **se puso** / **se volvió** / **se quedó** muy contenta.
e Desde que vive sola, **se ha puesto** / **se ha vuelto** / **se ha quedado** más independiente.

Ahora soy capaz de...

a ...expresar mis sentimientos. Sí No
b ...hablar de mis estados de ánimo. Sí No
c ...usar algunas perífrasis. Sí No
d ...calificar con más exactitud cuando hago descripciones. Sí No

Sigue practicando con... Spanish Blogger Misión 22

Actividades interactivas

Ahora comprueba

1 **Observa estas imágenes. ¿Sabes quiénes son? ¿Qué crees que tienen en común? Háblalo con tu compañero/a.**

Dame Vida

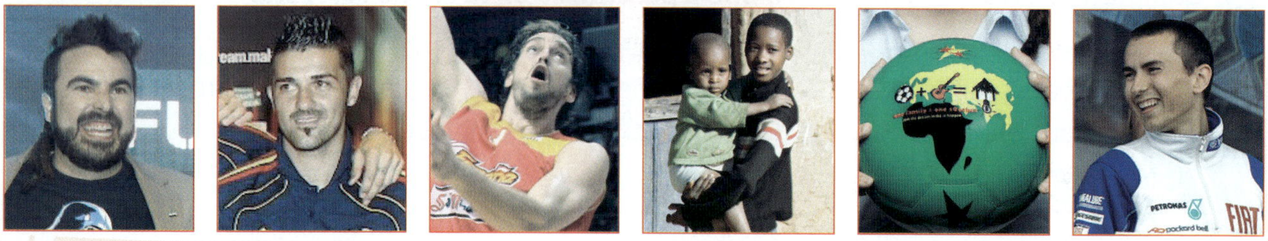

33 **2** ***Dame Vida*** **no es solo el título de una canción, representa todo un proyecto solidario. Escucha el diálogo entre Carlos y Abel y responde a las preguntas.**

a ¿Por qué no le gustan los conciertos a Carlos?
b ¿Qué le molesta a Abel de los conciertos?
c ¿Por qué le hace ilusión ir al concierto a Raquel?
d ¿Para qué es el concierto?
e ¿Cómo funciona el balón?
f ¿Dónde se puede comprar?
g ¿Quién lo ha inventado?
h ¿Por qué Abel cree que es tan bueno el proyecto del balón?
i ¿Qué desea Carlos en relación al proyecto y al cantante?
j ¿Al final irá Carlos al concierto? ¿Por qué?

3 **Completa los espacios con el verbo en su forma correspondiente.**

a Dame Vida es una fundación que desea .... (recaudar) fondos para .... (ayudar) a los más necesitados.
b Jessica Matthews y Julia Silverman son las creadoras del *soccket*, un balón con un acumulador de energía dentro para que .... (recargarse) con las patadas que se le dan.
c Cuando la pelota .... (cargarse) de energía, esta se convertirá en horas de luz para las familias pobres.
d Dame Vida quiere que cada hogar sin electricidad .... (tener) un balón con luz.
e Huecco ha contactado con varios de los mejores deportistas del mundo para que .... (colaborar, ellos) en la grabación del videoclip de la canción.
f El seleccionador español de fútbol ha declarado que le encanta .... (poder) colaborar en el vídeo y que cuando el cantante lo .... (llamar) para .... (participar) no lo dudó un momento.
g Huecco ha declarado que quiere .... (dar) las gracias de corazón a todos los que han participado en el videoclip.
h Dame Vida quiere que la música .... (servir) para que los más jóvenes .... (practicar) deporte.
i La fundación también espera que a través de la práctica del deporte .... (generarse) energía eléctrica limpia.
j Huecco ha declarado que el deporte y la música son las energías más limpias y que este proyecto servirá para .... (llenar) de luz limpia el mundo.

4 **Esta fundación también participa en otros dos proyectos sociales. Lee los fragmentos que te va a dar tu profesor/a y decide a cuál de los dos proyectos se refieren. Después, ponle un título a cada uno de los proyectos.**

Título:

Título:

34 **5** **Vas a escuchar un programa de radio en el que su locutora habla sobre los tres proyectos en los que participa el cantante Huecco. Intenta identificar a quién pertenecen los testimonios que se mencionan y relaciónalos con su proyecto correspondiente.**

Jessica Matthews
Proyecto: ....

Aganju
Proyecto: ....

Pau Gasol
Proyecto: ....

Yveline
Proyecto: ....

Juan
Proyecto: ....

6 **Lee el testimonio de una chica que ha colaborado con un proyecto solidario y completa los espacios con las perífrasis y verbos de cambio en el tiempo adecuado.**

acabar de ▪ ponerse ▪ seguir ▪ llevar ▪ ponerse a ▪ dejar de ▪ quedarse ▪ volver a ▪ empezar a

Todo empezó cuando recibí un correo electrónico en el que buscaban colaboradores para construir escuelas para niños pobres en Guatemala.

Al llegar allí **a** .... muy impresionada de ver cómo aquella gente vivía con tan poco. Al principio fue muy duro, yo no estaba acostumbrada a ver tanta pobreza y cuando **b** .... trabajar fue todavía peor, **c** .... muy nerviosa porque había muchas cosas que no sabía hacer y me sentía inútil. **d** .... llegar y ya quería hacer las maletas y regresar a España... Pero después, un compañero me tranquilizó diciéndome que era normal sentirse así al principio y que ellos también habían tenido que aprender, pero que mi trabajo era muy importante y que tenía que seguir adelante. Lo pensé mejor y **e** .... trabajar sin preocuparme de si lo hacía bien o mal.

Desde que trabajé codo con codo con ellos me he vuelto más responsable y menos egoísta y **f** .... preocuparme por cosas que en realidad no son importantes. Ya **g** .... tres años colaborando con la organización y estoy deseando que llegue el verano para **h** .... ir a Guatemala y **i** .... ayudando a los niños de allí.

7 **Seguro que tú también has colaborado alguna vez en una buena acción. Piensa en esa experiencia y escribe cómo fue y cómo te sentiste.**

Unidad 5

¡QUE NO TE ENGAÑEN!

Comunicación
- Opinar y valorar
- Mostrar acuerdo o desacuerdo

Vocabulario
- Internet

Gramática
- Conectores para organizar las ideas de un texto

Pronunciación y ortografía
- Siglas, acrónimos y abreviaturas

Sesión de cine
- *Compras por internet*

Cultura
- La publicidad en España

Literatura
- Julio Cortázar, *Preámbulo a las instrucciones para dar cuerda al reloj*

¿Qué ves?

1 Fíjate en las imágenes de Juan, el profesor, y habla con tu compañero/a.

a ¿Qué crees que muestran las imágenes?
b Piensa en adjetivos para describir lo que expresan.
c ¿Con cuál de las imágenes te identificas hoy?

2 Relaciona las frases con la imagen adecuada según la expresión de su cara.

1 El profesor está muy enfadado.
2 Parece muy sorprendido.
3 El profesor está preocupado.
4 Creo que está bastante nervioso.

3 Relaciona las columnas y escribe en tu cuaderno frases completas.

A Juan	le	encantan	la música electrónica.
A Juan y a mí	les	pone nerviosas	que pongas la música muy alta.
A mí	me	da rabia	que haya tanta gente sin trabajo.
A los dos	nos	enfada	las películas de terror.
A mi hermana		impresiona	llegar tarde a clase.
A Marta y su amiga		preocupa	que la gente sea impuntual.
A la novia de Juan		gusta	que el profesor solo hable en español.

Comenzamos con un diálogo

35 **4 Lee el diálogo en el que unos amigos opinan sobre el mensaje de un cartel publicitario y complétalo con las siguientes palabras. Después, escucha y comprueba.**

manipulación ▪ feminidad ▪ iconos ▪ anticonsumista
virilidad ▪ ventanas emergentes ▪ machista

Andrés: ¿Qué os parece el cartel de *Adbusters*? ¡Es una obra de arte!

Nélida: Yo creo que es increíble que esté en un centro comercial, ¿no os parece?

Germán: Pues yo no pienso que sea para tanto. Solo es más publicidad, ¿no?

Silvia: Es terrible que intenten confundirnos. ¿El cartel significa que no compremos? ¡Puf!... No lo entiendo y no me gusta. Por cierto, ¿qué es *Adbusters*?

Andrés: ¿¡No los conoces!? Es una organización a .... que ataca a los medios de comunicación. Su objetivo es utilizar la publicidad para criticar la b .... que esta hace sobre la sociedad. También tienen una revista.

Silvia: Bueno, en mi opinión, la publicidad trata de informar a un público objetivo sobre lo que hay.

Nélida: Sí, estoy de acuerdo con que trata de informar; pero para cambiar nuestras opiniones y deseos, ¡claro!

Andrés: Por supuesto, la publicidad lleva muchos años vendiéndonos el mensaje de la juventud, de la salud, de la c ...., de la d ....… La imagen siempre es la misma: jóvenes, ricos y guapos.

Germán: Lo que quiere, desde luego, es provocar. Y tienes razón, a veces incorrectamente, y es racista, sexista, e incluso e ....

Nélida: ¡Y que lo digas! ¿Y qué pasa con la protección de la juventud, con el derecho a la intimidad y con el respeto?

Silvia: ¡Claro, claro! ¿Y con la libertad de expresión? Pero, vale, está claro que debe haber límites. En cualquier caso, creo que la gente no le hace tanto caso a la publicidad, hay demasiada: en la calle, en la tele, en los periódicos, en las revistas, en internet…

Andrés: ¡Uf! Sí, es ridículo que las redes sociales estén tan llenas de anuncios, no es lo que vas a ver allí. Me preocupa que utilicen nuestra información personal para vender. Y en muchas páginas te atacan las f .... que se te abren todo el tiempo.

Silvia: Pues, a mi modo de ver, no pienso que toda sea mala y, como has dicho antes, es arte, creación… Son g .... de nuestra cultura, por ejemplo, mira algunas obras de Andy Warhol.

Germán: En eso todos estamos de acuerdo, siempre hay cosas bien hechas.

5 Busca en el texto un sinónimo de estas palabras o definiciones.

- a *Pop up.* ➜ ....
- b Masculinidad, valor, fortaleza. ➜ ....
- c Imagen, modelo. ➜ ....
- d Femineidad, delicadeza, ternura. ➜ ....
- e Cambio que se hace para conseguir algo. ➜ ....
- f Prepotencia de hombres sobre mujeres. ➜ ....
- g En contra de la compra innecesaria. ➜ ....

6 Contesta a las siguientes preguntas.

- a ¿Qué es *Adbusters*?
- b ¿Qué piensa Silvia de la publicidad?
- c ¿Están de acuerdo sus amigos con ella?
- d ¿Qué piensas tú sobre el mensaje del cartel de *Adbusters*?

Actividades interactivas

Hablar por hablar COMUNICACIÓN

OPINAR

- Para **pedir opinión** usamos:
  - *– **¿Qué piensas/crees/opinas de/sobre** las compras por internet?*
  - *– **¿(A ti) qué te parece** el blog del que nos habló Carlos?*
  - *– **En tu opinión/Desde tu punto de vista/Según tú**, ¿cuál es el anuncio más inteligente?*
- Para **dar opinión** usamos:
  - *– **En mi opinión/Desde mi punto de vista**, el blog (no) es muy interesante.*
  - *– **Creo/Pienso/Opino/Me parece que** el logo de una marca (no) es muy importante.*
  - *– **No creo/pienso/me parece que** el logo sea tan importante como la calidad de sus productos.*

1 **Estas tres imágenes pertenecen a campañas publicitarias. Desde tu punto de vista, ¿cuál es la más original? ¿Y la menos? Habla con tu compañero/a. ¿Opináis lo mismo?**

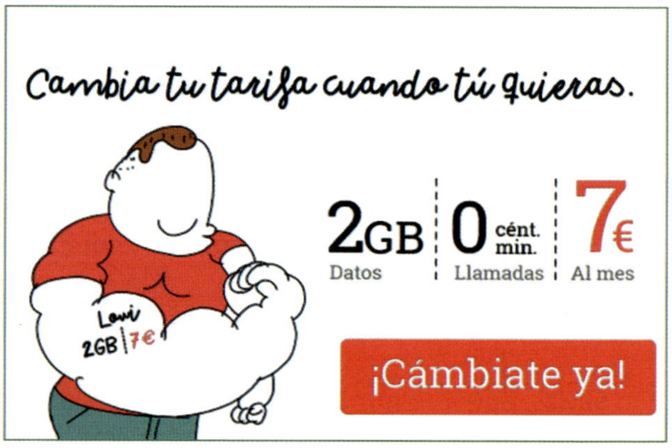

- *Creo que el mejor anuncio es el del centro porque el mensaje que transmite es claro y directo.*
- *No creo que el primero sea un buen anuncio porque el mensaje que transmite es confuso y...*

2 **Completa el siguiente recuadro con ayuda de tu profesor/a.**

MOSTRAR ACUERDO Y DESACUERDO CON UNA OPINIÓN

*– **(No) estoy a favor de***	*todo tipo de anuncios.* (nombre)
*– **(No) estoy en contra de***	*ser manipulado por la publicidad.* (mismo sujeto)
*– **(No) estoy (del todo) de acuerdo con***	***que** nos hagan encuestas.* (sujetos diferentes)

- Otras formas para:

Expresar acuerdo	Expresar desacuerdo	Suavizar el desacuerdo

Videogramas

3 **Habla con tu compañero/a sobre los siguientes temas, ¿estáis o no estáis de acuerdo?**

a Facebook a cambio de nuestra privacidad.
b Las descargas gratuitas y la piratería contra los derechos de autor.
c El poder adictivo de los ordenadores, internet o los videojuegos.
d El peligro de chatear con extraños o colgar nuestras fotos en internet.

VALORAR

- Para **pedir valoración** usamos:
  - *– **¿Te parece bien** poder <u>usar</u> buscadores para hacer trabajos de clase?*
  - *– **¿Te parece mal** <u>el sueldo</u> de un publicista?*
  - *– **¿Te parece una tontería** que los publicistas <u>ganen</u> mucho dinero?*
- Para **valorar** usamos:

*– **Me parece***
*– **Es***
[(parecer) bien/mal
(ser) bueno/malo
triste/increíble/cómico/justo/
ridículo/exagerado/preocupante…
una tontería/una vergüenza…] ***que** <u>haya</u> tanta publicidad en internet.*

*– **Está claro***
*– **Es obvio/verdad*** [***que** la publicidad <u>es</u> creación.*

*– **¡Qué bien/interesante*** [*este <u>anuncio</u>!*
<u>poder</u> compartir tanta información a través de Facebook!
***que** nuestro instituto <u>tenga</u> una página web!*

Ver **Apéndice gramatical** p. 124

4 **Tu profesor/a os repartirá algunas imágenes. Muéstraselas a tu compañero/a preguntándole qué valoración hace sobre ellas. Después, contéstale a las suyas.**

36 **5** **Completa los diálogos con las formas correctas de los verbos. Luego, escucha y comprueba.**

a

◗ Me encanta el anuncio del perfume *FreeMan*.
D Es increíble que tú **1** .... (decir) eso. Hace unos días le decías a Elena que odiabas las marcas y mencionaste precisamente *FreeMan*.
◗ Bueno, lo que pasa es que Elena me gusta un montón…
D No, si está claro que tú por Elena **2** .... (hacer) lo que sea, pero me parece un poco triste que **3** .... (tener) que mentir para impresionarla.

b

◗ Me parece fatal que en la publicidad **4** .... (mostrarse) una imagen tan poco real de los jóvenes: todos frívolos y de fiesta continua.
D Tienes razón, y… ¡¿qué me dices de las chicas?! Es ridículo que nos **5** .... (reducir) a una cara o a un cuerpo. Y casi siempre anoréxico. ¡Qué triste!
◗ ¡Y que lo digas! ¿A quién le gusta eso?
D Pues no lo sé, la verdad, pero es preocupante que nadie **6** .... (hacer) nada por cambiarlo, es una mala influencia para los más jóvenes.

6 **Contesta a estas preguntas. Después, habla con tu compañero/a, ¿estáis de acuerdo?**

- **a** ¿Qué aspectos positivos y negativos piensas que tiene la publicidad?
- **b** ¿Te parece que la imagen que da de los jóvenes es real?
- **c** Según tu opinión, ¿cuándo es necesaria la publicidad?

Cuaderno de ejercicios p. 57 a 61 Actividades interactivas

Palabra por palabra VOCABULARIO

Internet

1 **Lee la definición de los diferentes términos de internet y relaciónalos con su imagen.**

1 **Usuario:** persona que utiliza en un ordenador cualquier sistema informático.
2 ***Banner*** o **banderola:** formato publicitario en internet que consiste en incluir una pieza de publicidad dentro de una **página web**.
3 **Logo:** representación de una empresa u organización. Puede contener letras e imagen.
4 **Buscador: sitios** especializados para facilitar la búsqueda de información entre los millones de páginas web existentes.
5 **Portal** o **web portal:** sitio que sirve para ofrecer acceso a una serie de recursos y de servicios relacionados con un mismo tema. Puede incluir: enlaces, buscadores, foros, documentos, aplicaciones, compra electrónica...
6 **Botón:** permite al usuario comenzar una acción, como buscar, aceptar una tarea, interactuar...
7 **Enlace:** conexión de una página web con otra mediante una palabra que representa una dirección de internet. Generalmente está subrayado y es azul. También sirve para la descarga de **ficheros**, abrir **ventanas**, etc.

2 **Completa las frases con las palabras del ejercicio anterior.**

a Mi nombre de .... en Facebook no es mi nombre real. Es necesario proteger la intimidad.
b Cuando hago un trabajo de investigación, voy a un .... para encontrar lo que necesito.
c Los .... que encuentro en un artículo del periódico en internet me dan más información relacionada con la noticia.
d En la web de mi marca favorita de pantalones el .... de compra es siempre una tentación para mí.
e Me encantan los diseños de los .... de algunas compañías, dan muy buena imagen.
f La sofisticación de algunos .... me impresiona, pero también me molesta que aparezcan cuando solo quiero escribir un correo electrónico.
g La .... de mi instituto tiene mucha información útil para los alumnos y es muy fácil de usar.

37 **3 Escucha el artículo sobre la publicidad en internet y elige la opción correcta que explica el significado de estos otros términos utilizados en la red.**

1 **Entrar** y **hacer clic** en los enlaces de las páginas web significa…
- a dinero y publicidad.
- b que aceptas pagar tú el uso de la página.
- c ver la información sin ninguna consecuencia económica para los propietarios de la web.

2 Un segundo sistema de publicidad son los **anuncios de textos** que consisten en…
- a un botón para comprar el producto.
- b un pequeño recuadro, con un título del producto o empresa, un texto corto de descripción, y la **dirección web** con enlace a la página.
- c Un amplio catálogo de productos o servicios disponibles para comprar.

3 Un **blog** (bitácora) en internet es…
- a un sitio en el que un autor o autores publican artículos de su interés. Es posible hablar de temas muy variados. Se incluye publicidad en ellos.
- b una **página web** exclusivamente publicitaria.
- c algo parecido a un **chat** para presentar temas de interés.

4 El tema del mes de la web del instituto es la publicidad en internet. Por eso han creado un foro para conocer la opinión de los alumnos. Entra en él y danos tu opinión.

www.foro_instituto.es — Usuario — Contraseña

Andrés

Marta

Álex

1 **Elige un título para el artículo que has escuchado. Escribe y justifica tu respuesta.**
- a La publicidad e internet, una pareja sólida.
- b Internet es la mejor herramienta para la publicidad.
- c ¿Cómo se hace la publicidad en internet?

2 **¿Qué opinas de la publicidad en internet? ¿Cuáles son sus ventajas y desventajas? Escribe y justifica tu respuesta.**

5 ¿Cómo crees que será en el futuro la publicidad? ¿Cuáles serán sus canales para llegar a los posibles consumidores? Habla con tu compañero/a.

Cuaderno de ejercicios p. 61 y 62 — Actividades interactivas

Paso a paso GRAMÁTICA

1 **Lee el siguiente texto y completa el cuadro con los conectores correspondientes.**

En los medios de comunicación, por la calle, en gigantescos anuncios o de formas más novedosas, muchos rostros conocidos se asoman a la publicidad para aumentar sus beneficios.

Por un lado están los deportistas, con un espacio muy importante. **Y**, sin duda, son los que más dinero generan para las marcas, que se pelean por contar con ellos. **Por ejemplo:** Cristiano Ronaldo, Messi, Pau Gasol o Rafa Nadal.

Por otro (lado) actrices y modelos. Y es que nadie escapa de la tentación de conseguir dinero extra si su ocupación profesional no pasa por su mejor momento. **Sobre eso** tendría mucho que contarnos Andie McDowell, que lleva un tiempo alejada de las carteleras y ya es un clásico de los anuncios de cosméticos y productos de belleza. Algo parecido ocurre con Claudia Schiffer.

También han prestado su imagen para anunciar todo tipo de productos desde cantantes hasta humoristas, presentadores, antiguas celebridades o hijos de famosos, como es el caso en España de Enrique Iglesias.

Asimismo, podemos recordar grandes personajes que también sucumbieron a la publicidad, como Mijaíl Gorbachov, que llegó a hacer una campaña para una conocida marca de comida rápida norteamericana, o Sarah Ferguson, que también tuvo sus momentos publicitarios hace ya unos años. Y es que el dinero que mueve la publicidad es muy goloso.

(Adaptado de *www.noticiasterra.es*)

CONECTORES PARA ORGANIZAR LAS IDEAS DE UN TEXTO

- Para **diferenciar** dos argumentos:
  – *La juventud es muy crítica.* ***En primer lugar*** *no acepta cualquier cosa y* ***en segundo lugar*** *busca lo que quiere.*
- Para **oponer** dos argumentos:
  – *Comer bien es importante.* .... *es necesario,* .... *un placer.*
- Para **añadir** argumentos:
  .... / ***además*** / .... / ....
  – *La creatividad está presente en la publicidad,* ***además*** *de la originalidad, por supuesto.*
- Para **ejemplificar** y **explicar:**
  .... / ***es decir*** / ***o sea***...
  – *El alto nivel de competencia hace necesario invertir en publicidad,* ***es decir****, hay muchos productos buenos y similares en el mercado, pero algo te hace elegir uno.*
- Para aludir a un tema ya planteado:
  *(****Con) respecto a*** *(****eso de****/****eso****)* / ....
  – ***Con respecto a eso*** *que has dicho antes, siento no estar totalmente de acuerdo contigo.*

2 **Escribe en tu cuaderno un texto en el que hables de los famosos de tu país que hacen publicidad. Para organizar tus ideas, utiliza alguno de los conectores anteriores y la ficha que te va a dar tu profesor/a.**

OTROS CONECTORES

- Para **añadir razones** en un orden de fuerza creciente:

incluso

– *María trabaja todos los días, **incluso** los domingos.*

- Para **contraponer** razones:

bueno	no obstante
pero	en cambio
sin embargo	

– *El rojo es mi color preferido, **sin embargo** nunca llevo ropa de ese color.*

- Para expresar **consecuencia**:

así que	de ahí que
de modo que	así pues
de manera que	pues

– *Me encantan las películas, **así que** voy al cine siempre que puedo.*

- Para sacar **conclusiones** y **resumir**:

entonces	en resumen
total que	en conclusión
por lo tanto	para terminar

– *Fuimos a la montaña sin botas ni ropa adecuada, **total que** pasamos muchísimo frío.*

38 **3** **Escucha la gran experiencia que han vivido algunos jóvenes de México D.F., participando en la campaña publicitaria de una conocida marca de deportivas, y ordena las siguientes frases que resumen las ideas principales. Después, complétalas con el conector correcto.**

www.foro_opinion.es Usuario Contraseña

a ☐ La clave del éxito de esta campaña fue, ..., el volverse parte de la vida del consumidor y Nike llegó hasta sus propias casas.

b ☐ Se consiguieron más de 4000 jóvenes, ... había que implicarlos en el proyecto, ... se crearon las mascotas que representaban a los diferentes barrios de la ciudad. .... aparecieron como grafiti y estaban dibujadas sobre los bancos y en las estaciones de autobuses de todo México.

c ☐ La campaña de las famosas zapatillas utilizó mercadotecnia de calle .... de una campaña en redes sociales para conseguir el éxito.

d ☐ Se empezó con un vídeo que se subió a YouTube donde chicos de la ciudad jugaban al fútbol en la calle, ... un chico hablaba y decía: "El fútbol es diversión, juegues donde juegues".

e ☐ La idea era organizar un torneo de fútbol con jóvenes del México D.F., ... hubo una convocatoria en la página Facebook de Nike que tiene 811 000 seguidores allí.

4 **Continúa las siguientes frases de manera lógica.**

a Las redes sociales llegan a muchísimas personas en cualquier país, **así que** ....

b Toda la información es muy accesible con internet. **Total que** ....

c En los anuncios la música atrae la atención, **pero** ....

d El tiempo que dura un anuncio cuesta muy caro, **de modo que** ....

e Los protagonistas de los anuncios son modelos perfectos, **en cambio** ....

f Me gustaría participar en un anuncio, **incluso** ....

Cuaderno de ejercicios p. 63 · Actividades interactivas

Suena bien

PRONUNCIACIÓN Y ORTOGRAFÍA

Siglas, acrónimos y abreviaturas

SIGLAS Y ACRÓNIMOS

- Una **sigla** es una palabra formada por el conjunto de letras iniciales de una expresión compleja. Se utilizan para referirse de forma abreviada a organismos, instituciones, empresas, etc.
  Hay siglas que se deletrean: DNI [dé-éne-í], PC [pé-cé], GPS [gé-pé-ése].
  Su plural es invariable: las ONG.
- Hay siglas que pueden leerse como palabras y que reciben el nombre de **acrónimos**: ONU, OTAN, ovni...
  En este caso, si se trata de un nombre propio, se escribe con mayúscula inicial: Unesco, Insalud; si es un nombre común, con minúsculas y según las reglas de acentuación: uci, radar, sida, láser, módem.

> **!** Las siglas y los acrónimos adoptan el género de la palabra inicial: *la ONG* (*organización* no gubernamental).

ABREVIATURAS

- Una **abreviatura** es la representación reducida de una palabra o grupo de palabras y se cierra con un punto. Al leerlas, leemos la palabra entera: **etc.** (etcétera); **Dña.** (doña); **dcha.** (derecha); **pág.** (página), **Ud.** (usted); **2.º** (segundo); **C.P.** (Código postal).
  Pueden llevar tilde y formar plural, con una *–s*: **págs.** (páginas), o bien repitiendo la letra cuando provienen de palabras plurales: **EE. UU.** (Estados Unidos).

39 **1** **Lee y escucha. ¿Sabes qué significan?**

CC. OO. ▪ Adena ▪ ADN ▪ Ave ▪ VV. AA. ▪ Boe ▪ CD ▪ ESO ▪ FIFA ▪ pyme ▪ n.º
vip ▪ Sr. ▪ IES ▪ láser ▪ JJ. OO. ▪ NBA ▪ GPS ▪ DVD

2 **Clasifica las palabras anteriores en abreviaturas, acrónimos o siglas.**

Abreviaturas	Acrónimos	Siglas

3 **Ahora, relaciónalas con su significado.**

1 VV. AA. • • a Unión Europea.
2 ESO • • b Varios Autores.
3 FIFA • • c Pequeña y Mediana Empresa.
4 pyme • • d Juegos Olímpicos.
5 IES • • e Boletín Oficial del Estado.
6 JJ. OO. • • f Instituto de Educación Secundaria.
7 UE • • g Enseñanza Secundaria Obligatoria.
8 Boe • • h Federación Internacional de Fútbol Asociación.

40 **4** **Dictado.**

Cuaderno de ejercicios p. 64 Actividades interactivas

Sesión de cine

VÍDEO

COMPRAS POR INTERNET

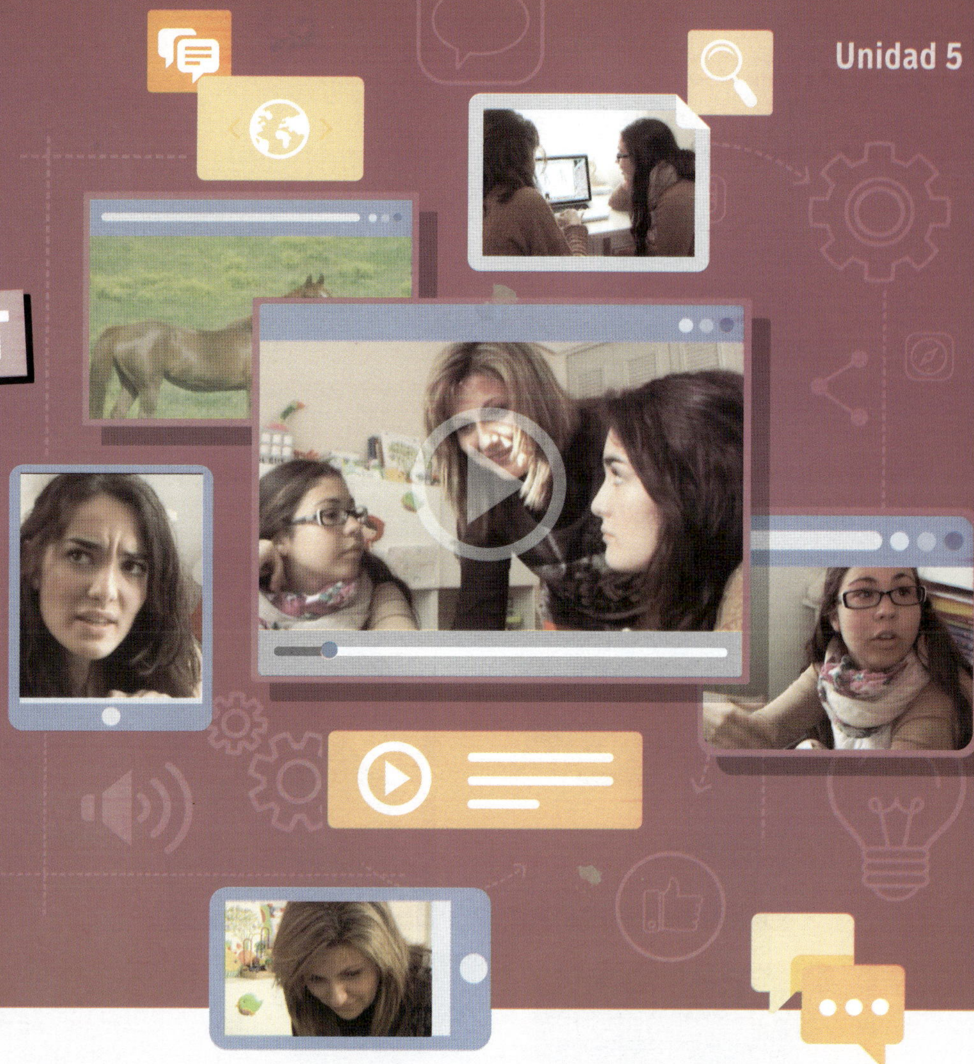

SINOPSIS

Pronto será el cumpleños del padre de una de las chicas y la madre decide comprarle un regalo por internet. Descubre qué le regalarán y cómo llegan a esa conclusión.

1 **Con tu compañero/a, responde a las siguientes preguntas.**

a ¿Tienes ordenador en casa? ¿Uno personal o de la familia? ¿Tienes internet?

b ¿Para qué usas el ordenador: para consultas de las asignaturas de clase, para ver películas, para escuchar música...?

c ¿Qué crees que se puede comprar por internet?

d ¿Compras por internet? Si lo haces, ¿qué compras? ¿Conoces a alguien que compre por internet?

2 **Mira estas imágenes del vídeo y responde a las preguntas.**

a ¿A qué lugar crees que pertenecen estas imágenes? Describe todo lo que ves en ellas.

b ¿Quiénes crees que son? ¿Dónde están? ¿Qué crees que hacen? ¿De qué crees que hablan?

3 **Observa el vídeo y haz las actividades que te va a repartir tu profesor/a.**

Secuencia de vídeo

Actividades interactivas

Mundo hispano

Cultura

LA PUBLICIDAD EN ESPAÑA

1 **Observa estos anuncios publicitarios españoles. Relaciona cada uno con la década a la que crees que pertenece.**

1

2

3

4

5

6

7

a 1940 ➔ .... c 1960 ➔ .... e 1980 ➔ .... g 2000 ➔ ....

b 1950 ➔ .... d 1970 ➔ .... f 1990 ➔ ....

2 **Habla con tu compañero/a y di qué características de las imágenes te han ayudado a decidir: los personajes, el mensaje, la forma de vida o el texto.**

3 **Para comprobar tu respuesta, relaciona cada imagen con los siguientes textos sobre la publicidad en España.**

a ☐ En la actualidad, en España como en el resto del mundo, no puedes abrir ninguna página en internet en la que no aparezcan mensajes publicitarios; cualquier buscador, tu correo electrónico, redes sociales... Son sofisticados, clásicos, nacionales, internacionales... En cualquier caso, a los jóvenes usuarios nada les sorprende porque hay tanta publicidad a su alrededor que han dejado de verla.

b ☐ En los 60 se generalizan los electrodomésticos que mejoran el nivel de vida. Comienzan a aplicarse las técnicas de *marketing* norteamericano y con Eurovisión la televisión española se conecta, por fin, con el mundo.

c ☐ En los años 90, con la nueva ley, se entablaron amplias discusiones sobre la ética publicitaria, sobre qué se podía mostrar y hasta dónde se podía llegar. De esta década recordaremos los polémicos anuncios de una marca de ropa, se habla de racismo, sexismo, exceso de sexo... Productos como el tabaco y el alcohol, antes tan aceptados, sufrieron un acoso sin precedentes, también se prohibieron en las vallas publicitarias. Aparece internet, también en España. Cambian las estrategias publicitarias. En estos momentos ya no le dan importancia a convencer directamente al consumidor con las características del producto, sino que lo hacen de forma indirecta, con metáforas o la imagen de este. También se apoyan en elementos novedosos, como efectos especiales o situaciones fantásticas. La música actual y moderna, los colores llamativos, los personajes y las situaciones ideales van dirigidos a la emoción del consumidor para convencerlo de que compre el producto.

d ☐ En los años 50 predominaban los anuncios de objetos: alimentos, perfumería y baño o licores, como el coñac o el anís. Se bebió durante muchas décadas el famoso "sol y sombra" (anís y coñac) que ponía en funcionamiento al país. Los canales que se utilizaban eran carteles, prensa y radio.

e ☐ Los 70 estarán caracterizados por mensajes más enfocados al ocio y el bienestar, es decir, coches, cámaras de fotos, teléfonos, refrescos que se beben en playas en vacaciones...

f ☐ En los años 40 se utilizaba básicamente la publicidad como propaganda del régimen político que existía en España: la dictadura franquista. El país unido a través de la familia y el trabajo duro. Existía la censura, que duró, de hecho, hasta 1976.

g ☐ Es a partir de la década de los 80 cuando la publicidad se convertirá en un instrumento capaz de generar y cambiar comportamientos. En estos años empezarán a verse las primeras campañas políticas e institucionales (por ejemplo, no conducir si bebes alcohol). Había llegado la Democracia. La década viene marcada por la derogación del estatuto de publicidad de 1964, ya anticuado, a favor de la *Ley General de la Publicidad* de 1988.

4 **En grupos, participaréis en un debate en el que tendréis que defender vuestra postura sobre el tema: *La ética en la publicidad.* Seguid las instrucciones que os va a dar vuestro profesor/a.**

Alumno A

La anormalidad para provocar: "Derecho a la libertad de expresión".

Alumno B

No todo es posible: "Derecho a la intimidad, a la protección de la juventud, a la igualdad".

5 **Busca información en internet acerca de la historia de la publicidad en tu país y escribe un artículo sobre ello.**

TECNOLOGÍA | COMERCIO ELECTRÓNICO

El comercio electrónico en Hispanoamérica crece aproximadamente un 20% al año, supera ya los 100 000 millones de dólares y, actualmente, la mitad de los internautas compran *online*.
México y Argentina son los dos países que han experimentado un mayor crecimiento. México representa el 12,3% y Argentina el 8,9%.
Mercadolibre es el sitio preferido por los hispanoamericanos para hacer su compras, con un 27% de la facturación total del sector.

Cuaderno de ejercicios p. 65 y 66

Actividades interactivas

Érase una vez... LITERATURA

1 **Lee la siguiente información sobre Julio Cortázar y su obra y busca en el texto una palabra o expresión que signifique lo mismo que las que aparecen a continuación.**

Julio Cortázar

Nació en Bélgica, el 26 de agosto de 1914 y murió en Francia el 12 de febrero de 1984. Fue un escritor, traductor e intelectual argentino nacionalizado francés.

Está considerado uno de los autores más innovadores y originales de su tiempo. Maestro del relato corto, la prosa poética y la narración breve en general; por ejemplo, destaca su obra autobiográfica *Bestiario*. Fue creador de importantes obras que inauguraron una nueva forma de hacer literatura en el mundo hispano. Debido a que los contenidos de su obra están en la frontera entre lo real y lo fantástico, se le suele relacionar con el surrealismo. Su mayor éxito editorial, *Rayuela*, se convirtió en un clásico de la literatura argentina. También escribió teatro y poesía. Vivió buena parte de su vida en París, pero también en Argentina, España y Suiza.

a Obra que narra las vivencias personales del autor. ➔ ....

b Movimiento literario que intenta expresar el subconsciente. ➔ ....

c La obra del autor que más se ha vendido. ➔ ....

d Composición de carácter poético no escrita en verso. ➔ ....

2 **Observa estos objetos y escribe qué representan para ti, y qué emociones, sensaciones o recuerdos asocias a ellos.**

3 **Piensa en estos objetos y habla con tu compañero/a.**

a ¿Cuál usas con más frecuencia?

b ¿Cuál es el más indispensable para ti?

c ¿Imaginas tu vida sin él?

d ¿Cómo la cambiaría?

41 **4** **Imagínate que trabajas para una agencia publicitaria y encuentras este texto de Cortázar extraído de *Historias de cronopios y de famas*. Lee y escucha, después habla con tu compañero/a. ¿Cómo podéis utilizarlo en un anuncio?**

Preámbulo a las instrucciones para dar cuerda al reloj

Piensa en esto: cuando te regalan un reloj te regalan un pequeño infierno florido, una cadena de rosas, un calabozo de aire. No te dan solamente el reloj, que los cumplas muy felices y esperamos que te dure porque es de buena marca, suizo con áncora de rubíes; no te regalan solamente ese menudo picapedrero que te atarás a la muñeca y pasearás contigo. Te regalan –no lo saben, lo terrible es que no lo saben–, te regalan un nuevo pedazo frágil y precario de ti mismo, algo que es tuyo pero no es tu cuerpo, que hay que atar a tu cuerpo con su correa como un bracito desesperado colgándose de tu muñeca. Te regalan la necesidad de darle cuerda todos los días, la obligación de darle cuerda para que siga siendo un reloj; te regalan la obsesión de atender a la hora exacta en las vitrinas de las joyerías, en el anuncio por la radio, en el servicio telefónico. Te regalan el miedo de perderlo, de que te lo roben, de que se te caiga al suelo y se rompa. Te regalan su marca, y la seguridad de que es una marca mejor que las otras, te regalan la tendencia de comparar tu reloj con los demás relojes.

No te regalan un reloj, tú eres el regalado, a ti te ofrecen para el cumpleaños del reloj.

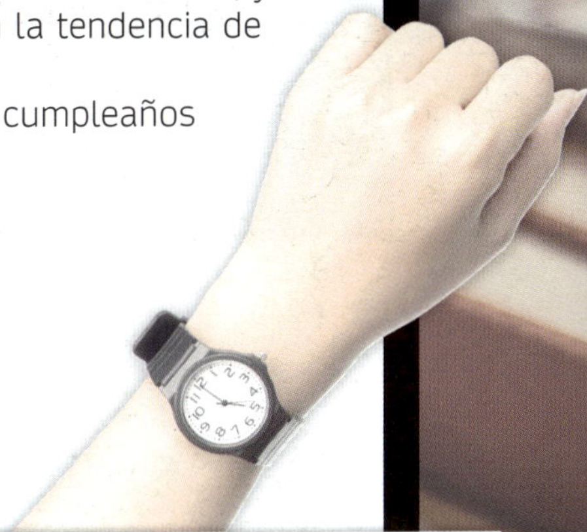

5 **Mira atentamente el anuncio publicitario que te va a mostrar tu profesor/a y responde a las preguntas.**

a ¿Qué texto acompaña al anuncio?

b ¿Cuál es el eslogan?

c ¿Qué te sugiere? ¿Qué ideas quiere trasmitir?

6 **Piensa en un objeto especial para ti y escribe un texto similar al de Cortázar con las emociones y sensaciones que te produce.**

Piensa en esto:

Cuando te regalan ……………………

Te regalan un ……………………

No te dan solamente ……………………

No te regalan solamente ……………………

Te regalan ……………………

Te regalan la necesidad de ……………………

Te regalan la obsesión de ……………………

Te regalan el miedo de ……………………

Te regalan su marca y la seguridad de que ……………………

Te regalan la tendencia de ……………………

No te regalan un ……………………

Tú eres el regalado. A ti te regalan para el cumpleaños del ……………………

7 **Ya tienes el texto de tu anuncio. Piensa en tu eslogan, en las imágenes que pondrías y en la música. Escríbelo en tu cuaderno y, después, preséntalo a la clase.**

8 **Habla con tu compañero/a sobre el anuncio publicitario que más te ha llamado la atención: ¿dónde lo has visto?, ¿por qué te ha impresionando?**

Actividades interactivas

Prueba de expresión e interacción orales

1 **Fíjate en los anuncios. Tienes que hablar durante cinco minutos sobre la publicidad y su función comercial y social. Las preguntas que te proponemos te pueden ayudar a preparar tu exposición.**

a ¿Los dos anuncios tienen una finalidad comercial?

b ¿Cuál es el objetivo que buscan?

c ¿Quién crees que es el anunciante que hay detrás de cada anuncio?

d ¿Qué recursos se utilizan para llamar la atención?

e ¿Se usa algún recurso lingüístico para ello?

Prueba de comprensión de lectura

2 **Lee el texto y marca si las afirmaciones son verdaderas (V) o falsas (F).**

EL FUTURO DE LA **PUBLICIDAD *ONLINE***

Es un hecho que los usuarios y compradores están cansados de los mensajes publicitarios. Al menos el 16 % de anuncios que se muestran en España en soportes digitales son bloqueados por las plataformas de bloqueo de publicidad.

Como anunciantes, la solución pasa por comunicarnos de una manera más suave y no tan agresiva, y con el objetivo de cuidar a nuestro consumidor. Reflexionemos un poco ante esta situación.

La industria de la publicidad debe replantearse sus principios, ya que el escenario actual de la publicidad recuerda a la venta puerta a puerta de hace unos años y esto debe cambiar; de hecho, el cambio ya ha comenzado.

Recientemente hemos podido ver un evento de Google Partners Connect, en el que se puso especial énfasis en la importancia de conocer los micromomentos durante el proceso de compra. Estos "momentos" consisten en entender en tiempo real al usuario y conocer el contexto en el que se encuentra y qué intereses presenta en ese momento antes de tratar de impactarle. Esta es una de las claves de la publicidad *online* del futuro, los anunciantes tratamos con personas, no con dispositivos, por lo que debemos aprender a medir el momento.

(Adaptado de *https://www.iebschool.com/blog/futuro-publicidad-online/*)

a Más del 80 % de los anuncios no llegan a verse porque se bloquean. (V) (F)

b Es necesario introducir el anuncio de manera menos impactante. (V) (F)

c La publicidad *online* tiene los mismos resultados que la venta puerta a puerta. (V) (F)

d La publicidad debe adaptarse a los momentos del usuario. (V) (F)

e En el futuro hay que pensar más en el usuario que en el dispositivo. (V) (F)

Cuaderno de ejercicios p. 67 y 68 Actividades interactivas

¡Me lo sé!

EVALUACIÓN

1 Pon el verbo entre paréntesis en la forma correcta.

_/6

a Me parece que las escenas en los anuncios .... (deber) ser variadas y dinámicas.

b No pienso que los jóvenes .... (dejarse) influir tanto por la publicidad.

c No creo que los niños .... (pedir) los productos que ven en la televisión.

d Opino que los consumidores .... (desarrollar) un espíritu crítico ante tanta información.

e Desde mi punto de vista, las asociaciones anticonsumo .... (hacer) un buen trabajo en la sociedad.

f No me parece bien que todos .... (ir) con la misma ropa y las mismas deportivas.

2 Completa las frases.

_/6

Es obvio que ▪ Está claro que ▪ Es increíble que
Es una tontería que ▪ No es verdad que ▪ No es ridículo que

a .... los padres vigilen cuántas horas de televisión ven sus hijos pequeños.

b .... los anuncios sean sinceros.

c .... las personas crean que un perfume las hará perfectas.

d .... no sepamos elegir por nosotros mismos.

e .... los medios de comunicación tienen un gran poder sobre la sociedad.

f .... la publicidad en internet es muy barata para las empresas.

3 Muestra acuerdo o desacuerdo ante las siguientes opiniones.

_/4

a En verano somos más influenciables por la publicidad porque queremos tener unas buenas vacaciones. ➔ ....

b En la actualidad, hay poca publicidad y por eso todos la siguen con mucha atención.
➔ ....

c En las redes sociales hay mucha publicidad porque los jóvenes las visitan con mucha frecuencia.
➔ ....

d La fotografía y el diseño gráfico no son arte. ➔ ....

4 Relaciona los elementos de las dos columnas.

_/6

1 El fútbol es un gran deporte. Sin embargo,... •
2 La fotografía en el cine es fundamental. Por ejemplo,... •
3 Los jóvenes no ven la publicidad, incluso... •
4 Pienso que seré seleccionado para el anuncio de Axo, en la última entrevista que hice les gusté mucho. Además,... •
5 El gasto de las compañías en publicidad es muy alto. Total que... •
6 Por un lado, los anuncios me divierten por su fantasía, pero por otro lado,... •

• a yo diría que no les interesa.
• b sus productos son muy caros.
• c no es el único.
• d me aburre que haya tantos.
• e había muy poca gente.
• f en *Memorias de África* es impresionante, ¿la recuerdas?

Ahora soy capaz de...

a ...pedir una opinión y darla. Sí No
b ...expresar que estoy de acuerdo o no. Sí No
c ...organizar mejor lo que digo. Sí No
d ...reconocer muchas abreviaturas. Sí No

Sigue practicando con... SPANISH BLOGGER Misión 23

Actividades interactivas

Unidad 6

¿SUEÑO O REALIDAD?

Comunicación
- Transmitir información dicha por otros
- Expresar probabilidad o hipótesis en presente y en pasado

Vocabulario
- Las cartas formales y los teléfonos móviles
- Los correos electrónicos

Gramática
- Verbos y expresiones para expresar hipótesis o probabilidades

Pronunciación y ortografía
- La diéresis
- Las palabras homófonas

Sesión de cine
- *¡Felicidades!*

Cultura
- El teatro y las telenovelas

Literatura
- Calderón de la Barca, *La vida es sueño*

¿Qué ves?

1 **Fíjate en la imagen y habla con tu compañero/a.**

a ¿Dónde están los personajes?
b ¿Qué crees que hacen ahí?
c ¿Tú vas con frecuencia?
d ¿Vas solo a buscar libros o también para estudiar?

2 **Fíjate en las portadas de estos dos libros. ¿Puedes imaginar a cuál corresponde cada información?**

	El Quijote	Mafalda
a Es del año 1964.		
b Es del año 1605.		
c Su autor es Cervantes.		
d Su autor es Quino.		
e Otros personajes que aparecen son Felipe, Miguelito y Susanita.		
f Otros personajes que aparecen son Dulcinea, Sancho y Rocinante.		
g Es de origen español.		
h Es de origen argentino.		

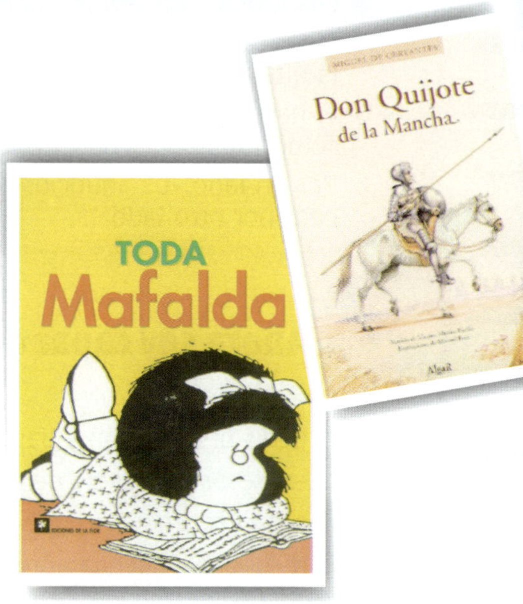

Comenzamos con un diálogo

42 **3 Escucha y contesta verdadero (V) o falso (F).**

- **a** Daniel quiere comprar dos libros. Ⓥ Ⓕ
- **b** Felipe lee solo novelas modernas. Ⓥ Ⓕ
- **c** Daniel disfrutaba mucho con los tebeos de Mafalda cuando era pequeño. Ⓥ Ⓕ
- **d** A José el tebeo no le parece un buen regalo. Ⓥ Ⓕ
- **e** José ya tiene regalo para Felipe. Ⓥ Ⓕ

4 Lee el diálogo y comprueba tus respuestas.

Daniel: No sé qué libro comprarle a Felipe para su cumpleaños, ¡estoy hecho un lío!

José: La verdad es que es bastante complicado, tienes razón.

Daniel: Creo que finalmente voy a regalarle uno de estos dos, pero no sé por cuál decidirme. Son muy diferentes.

José: Me parece que a Felipe le gusta leer novelas. Pero quizás no le guste el *Quijote,* es un poco antiguo para él.

Daniel: Es verdad que es un poco antiguo, pero Felipe lee toda clase de libros. En su casa tiene una colección enorme de novelas de todas las épocas. Es increíble que a un chico de 17 años le guste tanto leer.

José: ¿Y sabes si también lee tebeos? A lo mejor el libro de Mafalda es un poquito infantil.

Daniel: ¿Infantil? Todo lo contrario. En mi opinión deberían leerlo los adultos, es un poco filosófico. En estas historietas aparece una niña preocupada por la paz del mundo y por la humanidad. Yo, cuando era pequeño, tenía un montón de tebeos de Mafalda, pero no los entendí del todo hasta que no fui adulto.

José: Pues quizás sea esa una buena opción. Me parece que es más atractivo y más original como regalo.

Daniel: Pues ya está decidido. ¡Me lo llevo! Le voy a decir al dependiente que me lo envuelva. Oye, ¿y tú qué le vas a comprar?

José: Ni idea, voy a darme una vuelta por aquí a ver si encuentro algo.

5 ¿Te gusta leer tebeos? Aquí tienes los nombres de algunos tebeos españoles. Relaciónalos con sus protagonistas.

detectives ▪ superhéroe ▪ niños revoltosos ▪ trabajador de una editorial

a

b

c

d

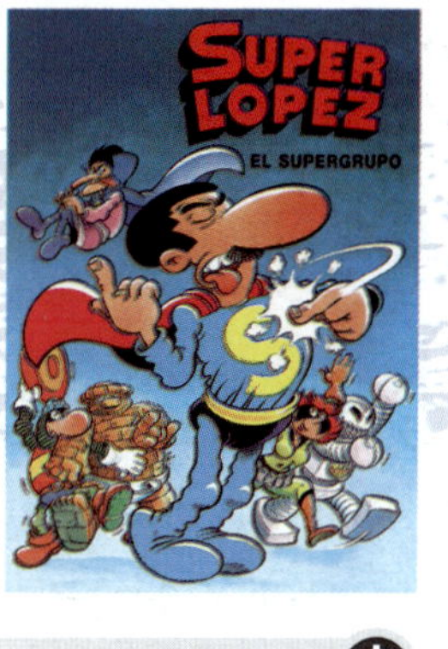

Actividades interactivas

Hablar por hablar COMUNICACIÓN

TRANSMITIR INFORMACIÓN DICHA POR OTROS

Estilo directo		Estilo indirecto
*"**Eres** lo mejor de **mi** vida".*	→	*<u>Dice/Ha dicho **que**</u> **soy** lo mejor de **su** vida.*
*"**Estuve aquí** comiendo con Pedro".*	→	*<u>Dice/Ha dicho **que**</u> **estuvo allí** comiendo con Pedro.*
*"**Creo** que **tenemos este** libro".*	→	*<u>Dice/Ha dicho **que**</u> **cree** que **tienen** ese libro.*

Podemos usar verbos como *decir*, *comentar* o *confesar*.

*"**Compra** pan".*	→	*<u>Me ha ordenado **que**</u> **compre** pan.*
(Orden o petición)		(presente de subjuntivo)

En este caso usamos verbos como *ordenar*, *aconsejar*, *sugerir* o *recomendar*.

Videogramas

Ver **Apéndice gramatical** p. 125

TRANSMITIR PREGUNTAS

"¿Habéis hecho los deberes?".	→	*El profesor <u>ha preguntado **si**</u> hemos hecho los deberes.*
"¿Cuándo haréis los deberes?".	→	*El profesor nos <u>ha preguntado **cuándo**</u> haremos los deberes.*

1 Transforma las siguientes frases.

a "Me acosté porque tenía sueño". → Ha dicho ....
b "Visita Madrid si quieres divertirte". → Me recomienda ....
c "Este libro lo escribimos entre mi amigo y yo". → Me ha confesado ....
d "¿Fuiste a la fiesta de Juan?". → Me ha preguntado ....
e "¿Dónde vive tu hermano?". → Te pregunta ....

2 Marta ha visitado esta mañana a Elena, su mejor amiga, y le cuenta a su novio todo lo que le ha dicho. Con tu compañero/a, intenta completar los espacios en blanco.

Marta: Elena me a .... que se va a cambiar de casa. Que está muy contenta porque b .... encontró trabajo.
Pedro: Vaya, qué suerte.
Marta: Me c .... que realmente no está enamorada de su novio y d .... quiere dejarlo.
Pedro: La verdad es que no hacen buena pareja.
Marta: Tienes razón. Por lo visto el otro día discutieron en el cine... Por cierto, me e .... la película que vio, f .... que es muy buena.
Pedro: Pues si quieres, vamos a verla este viernes.
Marta: Bueno... ¡Ah! y también me g .... que cree que el mes que viene va a Ámsterdam a visitar a su hermano y a su cuñada, y me ha preguntado h .... quiero ir con ella.

43 **3 Ahora escucha la conversación completa y comprueba.**

4 Habla con tus compañeros. En grupos de tres, pregúntale algo a uno de ellos y cuéntale la respuesta al otro. Sigue el ejemplo.

▸ *¿Cuál es tu libro favorito?* ▸ El señor de los anillos.
Luis me ha dicho que El señor de los anillos *es su libro favorito.*

Cuaderno de ejercicios p. 69 a 71

EXPRESAR PROBABILIDAD O HIPÓTESIS EN PRESENTE Y EN PASADO

Conozco la información		Imagino la información
Está *enfermo.* (presente)	➔	***Estará*** *enfermo.* (futuro)
No ***ha dormido*** *nada esta noche.* (pretérito perfecto)	➔	*No* ***habrá dormido*** *nada esta noche.* (futuro de *haber* + participio)
No ha dormido porque ***estaba*** *nervioso por el examen de hoy.* (pretérito imperfecto)	➔	*No ha dormido porque* ***estaría*** *nervioso por el examen de hoy.* (condicional)
Ayer ***fue*** *a una fiesta.* (pretérito indefinido)	➔	*Ayer* ***iría*** *a una fiesta.* (condicional)

- **Para hacer preguntas:**

Sabemos que la persona que escucha la pregunta sabe la respuesta		Pensamos que nadie conoce la respuesta
¿Qué hora ***es****?* (Alguien tiene reloj)	➔	*¿Qué hora* ***será****?* (Nadie tiene reloj)
¿Dónde ***ha ido*** *José?*	➔	*¿Dónde* ***habrá ido*** *José?*
¿Quién ***rompió*** *el cristal ayer?*	➔	*¿Quién* ***rompería*** *el cristal ayer?*
¿Cuánta gente ***había*** *ayer en la fiesta?*	➔	*¿Cuánta gente* ***habría*** *ayer en la fiesta?*

5 **Este perro está muy triste. Escribe de nuevo las frases transformando los verbos en negrita para hacer suposiciones.**

a Le **duele** el estómago. ➔ ....
b **Está buscando** a su dueño. ➔ ....
c Ayer fue al veterinario porque no **se encontraba** bien. ➔ ....
d Se **ha perdido**. ➔ ....

6 **Habla con tu compañero/a y haceos las siguientes preguntas sobre el perro de la actividad anterior, teniendo en cuenta que ninguno de los dos sabe la respuesta.**

a ¿Cómo (llamarse)? ➔ ....
b ¿(Comer, hoy)? ➔ ....
c ¿(Tener) dueño? ➔ ....
d ¿(Escaparse, ayer) de la perrera? ➔ ....
e ¿(Estar, ayer) con sus dueños y los (perder) de vista? ➔ ....
f ¿Sus dueños le (abandonar, hoy) para irse de vacaciones? ➔ ....

7 **Tu profesor/a te va a mostrar unas imágenes. Habla con tu compañero/a y haz hipótesis sobre ellas.**

Cuaderno de ejercicios p. 72 a 74

Actividades interactivas

Palabra por palabra VOCABULARIO

Las cartas formales y los teléfonos móviles

1 **Escribe las partes de una carta formal en su lugar correcto.**

- a ☐ motivo
- b ☐ dirección del destinatario
- c ☐ firma
- d ☐ saludo
- e ☐ dirección del emisor
- f ☐ despedida
- g ☐ fecha

2 **Ordena la siguiente carta de un cliente a su compañía de telefonía móvil. Después escribe, siguiendo el ejemplo, a qué parte de la carta corresponde cada fragmento.**

[ ] ☐ Madrid, 13 de junio de 2018

[ ] ☐ Movilmol..
Paseo de la Antena, 33
28008 Madrid

[ ] ☐ Atentamente,

[*Dirección del emisor*] 1 Juan Mora
C/ Cliente, 130
28001 Madrid

[ ] ☐ Les escribo esta carta porque llevo varios días teniendo problemas con mi teléfono móvil. Hace cinco meses me regalaron un nuevo **terminal** por llevar como cliente en su empresa más de tres años. Pues bien, este **celular** no deja de darme problemas. A continuación les explico punto por punto cada uno de ellos.
La **pantalla táctil** no funciona bien. Cada vez que intento **marcar un número**, el teléfono se apaga.
En muchos lugares no **tiene cobertura**. Es decir, que cuando salgo de la ciudad tengo muy poca señal y no puedo ni **llamar** ni **recibir llamadas**.
Cuando puedo llamar, **se corta** la **conversación** después de dos minutos.
Además, cuando intento **cargar el teléfono**, la **batería** solo dura cinco horas y después tengo que cargarlo otra vez. Al principio pensé que era problema del **cargador**, pero he probado con otro y sigo teniendo el mismo problema.
Debido a todos estos inconvenientes, espero que me cambien el **móvil** o me regalen uno nuevo. En caso contrario cambiaré de compañía telefónica.

[ ] ☐ Estimados señores:

[ ] ☐ (firma)

3 **Las palabras resaltadas en la carta son formas de saludo y despedida en una carta o correo formal. Clasifica ahora estas otras expresiones formales en saludos o despedidas.**

Distinguido/a señor/a ▪ Se despide atentamente ▪ Muy señor/a mío/a ▪ Reciba un cordial saludo
Señor/a ▪ En espera de sus noticias ▪ Cordialmente

Saludos	Despedidas

Cuaderno de ejercicios p. 74 y 75

4 **Habla con tu compañero/a.**

- ¿Has tenido alguna vez problemas con tu teléfono móvil? ¿Cuáles?
- ¿Los has solucionado?

44 **5** **Ahora escucha la conversación entre la secretaria y el director de la empresa Movilmola y escribe qué decisión toma el director.**

Los correos electrónicos

6 **Lee ahora la respuesta de Movilmola.**

Mensaje nuevo

De: movilmola@espaciojoven.com
Para: juanmora@edimail.com
Asunto: Nuevo teléfono

Estimado cliente:

Nos dirigimos a usted con la finalidad de expresarle nuestras disculpas por los problemas causados. Comprendemos perfectamente las molestias que puede haber tenido con el último móvil que recibió y, por esa razón, ponemos a su disposición un nuevo modelo. Por favor, para recibir este nuevo terminal mándenos un correo electrónico con la dirección donde quiere recibirlo a movilmola-terminales@espaciojoven.com. Si desea ver el modelo que le ofrecemos, puede pinchar en el siguiente enlace: www.movilesmovilmola.com/nuevos.

Atentamente,

Movilmola
Paseo de la Antena, 33
28008 Madrid

7 **Relaciona estas columnas.**

1 @	**a** guion
2 /	**b** punto com
3 :	**c** arroba
4 -	**d** tres uves dobles
5 _	**e** barra
6 .com	**f** dos puntos
7 www	**g** guion bajo

8 **Imagina que eres el director de Movilmola y escribe en tu cuaderno un correo con otra respuesta diferente.**

Estimado señor Mora:

9 **Ahora lee la carta de un/a compañero/a y dile a tu profesor/a qué pone.**

El director de Movilmola dice que...

Cuaderno de ejercicios p. 75 Actividades interactivas

Paso a paso GRAMÁTICA

VERBOS Y EXPRESIONES PARA EXPRESAR HIPÓTESIS O PROBABILIDADES

- Otras formas de expresar hipótesis o probabilidades son:

Creo/Me parece ***Me imagino/Supongo*** ***Para mí/Yo diría***	***que***	*ese modelo de móvil es uno de los mejores.* *si está en la sierra, no tiene cobertura. Llámalo mañana.* *ha llovido esta noche, las calles están mojadas.*
A lo mejor/Lo mismo/Igual		*es un problema de tu compañía porque yo sí tengo cobertura.*

Videogramas

1 **Edu ha encontrado una foto de una casa que le gustaría comprar, pero no tiene ninguna información sobre ella. Lee el texto y completa con los siguientes verbos.**

vivir ▪ poder ▪ querer ▪ tener ▪ haber ▪ costar ▪ pertenecer

Me encantaría comprar esta casa, pero antes me gustaría tener información sobre ella. Supongo que **a** .... muchísimo dinero, pero creo que mis padres **b** .... ayudarme. Parece una casa grande, me imagino que **c** .... más de tres habitaciones y al menos dos baños. Lo mismo en algún baño **d** .... un *jacuzzi,* sería genial. Yo diría que antes **e** .... una familia numerosa, a lo mejor la **f** .... vender para irse a vivir a otra ciudad. Igual la parte de atrás **g** .... también a la casa y hay una piscina y todo, quién sabe.

2 **Mira ahora estas curiosas imágenes y escribe tres hipótesis para cada situación.**

¿Por qué está llorando?

a ....

b ....

c ....

¿Por qué no hay nadie?

a ....

b ....

c ....

¿Qué le pasa?

a ....

b ....

c ....

45 46 **3** **Escucha el final de tres discusiones y con tu compañero/a haced hipótesis sobre el motivo que las origina. Después, escucha la conversación completa y comprueba.**

a ....

b ....

c ....

47 **4** **Escucha los siguientes diálogos y completa el recuadro.**

OTROS VERBOS Y EXPRESIONES DE HIPÓTESIS Y PROBABILIDADES

Probablemente/........................../ ***Seguramente/................../Tal vez***	*la compañía telefónica se pone/ponga en contacto conmigo después de mi reclamación.* (indicativo/subjuntivo)
................................/Es probable ***Puede ser/..............................*** **que**	*mi teléfono tenga algún defecto de fábrica, me lo compré hace poco y no me dura nada la batería.* (subjuntivo)

5 **Elige la opción correcta para cada frase. En algunas las dos opciones son correctas.**

a Es probable que mañana **llueve** / **llueva**.
b Seguramente **tiene** / **tenga** más de veinte años.
c Tal vez **viene** / **venga** mi hermana conmigo.
d Es posible que **consigue** / **consiga** el trabajo.
e Quizás no **quiere** / **quiera** trabajar con nosotros.
f Puede ser que **necesitan** / **necesiten** nuestra ayuda.

6 **Escribe un final para las siguientes frases.**

a ¡Qué raro que no haya llegado Juan! Él es muy puntual. Es posible que ....
b La compañía telefónica me ha cobrado un servicio que yo no utilizo. Seguramente ....
c Me dijo que me iba a llamar esta tarde pero no lo ha hecho. Tal vez ....
d Le he escrito un correo electrónico y no le ha llegado. Puede que ....

7 **Con lo que has aprendido para expresar hipótesis y probabilidades, completa las siguientes frases.**

a Es probable que .... (ser) su cumpleaños porque ha invitado a cenar a todos sus amigos.
b Igual .... (mudarse, él). Hace mucho tiempo que quería cambiar de casa.
c Quizás .... (comprarse, yo) un teléfono móvil nuevo. Este ya no funciona.
d A lo mejor Juan .... (ser) alérgico a los gatos. No para de estornudar.
e Posiblemente yo .... (organizar) la fiesta. Soy su mejor amigo.
f Puede que .... (saber) hablar italiano. Ha vivido un tiempo en Roma.
g Seguramente .... (ganar) el premio. Ha hecho un buen trabajo.

8 **Con tu compañero/a habla sobre planes de futuro, que todavía no son seguros, relacionados con los temas propuestos.**

Tu próximo cumpleaños

Tus próximas vacaciones

Cuando tengas 40 años

Cuaderno de ejercicios p. 75 a 77

Actividades interactivas

Suena bien

PRONUNCIACIÓN Y ORTOGRAFÍA

La diéresis y las palabras homófonas

LA DIÉRESIS

Es el signo ortográfico (¨) que se pone sobre la ***u*** de las sílabas *gue, gui* cuando queremos pronunciarla: ***lengüeta***, ***paragüero***, ***pingüino***, ***piragüista***.

48 **1 Escribe las palabras que escuches.**

....

....

....

....

2 Lee los diálogos y después completa los cuadros.

LAS PALABRAS HOMÓFONAS

a

- ¿**A dónde**/**Adónde** podemos ir a merendar?
- **A donde**/**Adonde** tú quieras.
- ¿**Dónde** decías que hacían esas tortitas tan buenas?
- ¡Ah! Te refieres al sitio **donde** te conté que fui con Marcos, ¿no?

dónde/a dónde/adónde; donde/a donde/adonde

Usamos el adverbio **1** .... para indicar lugar y **2** .... o **3** .... indistintamente cuando indicamos también dirección o destino mediante la preposición ***a***.

Usamos **4** ...., **5** .... o **6** .... cuando las formas anteriores son exclamativas o interrogativas.

b

- No entiendo el **porqué** de su reacción, no me lo explico.
- Pues yo creo que ha actuado así **porque** no podía más y al final ha explotado.
- Pero, ¿**por qué** no le dijo a nadie que necesitaba ayuda?
- Es que muy orgulloso y le da vergüenza reconocerlo.
- Yo voto **por que** hablemos con él y le ofrezcamos nuestra ayuda.

porque/porqué/por que/por qué

Usamos **7** .... para expresar la causa o motivo de lo que se expresa a continuación y **8** .... para preguntar por esa causa o motivo.

Usamos **9** .... cuando nos referimos al sustantivo que significa "la causa, el motivo o la razón".

Usamos **10** .... para referirnos a la preposición ***por*** seguida del pronombre ***que***.

c

- Su **sino** no es quedarse parado viendo la vida pasar, **sino** llegar muy lejos.
- Tienes razón, no solo es muy decidido, **sino** también muy trabajador.
- **Si no** cambia será alguien muy importante en el futuro, tal vez un político.
- Sí, además sabe escuchar, tiene carisma, es elegante y, **asimismo**, discreto.
- Sí, pues **así mismo** se lo haremos saber cuando lo veamos.

sino/si no

Usamos **11** .... como sustantivo que significa "destino"; para introducir una información que reemplaza o sustituye a la negada en la oración precedente.

Usamos **12** .... para referirnos a la conjunción condicional ***si*** seguida del adverbio negativo ***no***.

asimismo/así mismo

Usamos **13** .... en el sentido de "también" y **14** .... en el sentido de "de la misma manera".

49 **3 Dictado. Escucha y escribe en tu cuaderno.**

Cuaderno de ejercicios p. 77 y 78

Actividades interactivas

Sesión de cine — VÍDEO

¡FELICIDADES!

SINOPSIS

Mañana es el cumpleaños de Paloma e intenta por todos los medios averiguar qué le va a regalar su hermano Jorge. ¿Conseguirá descubrirlo?

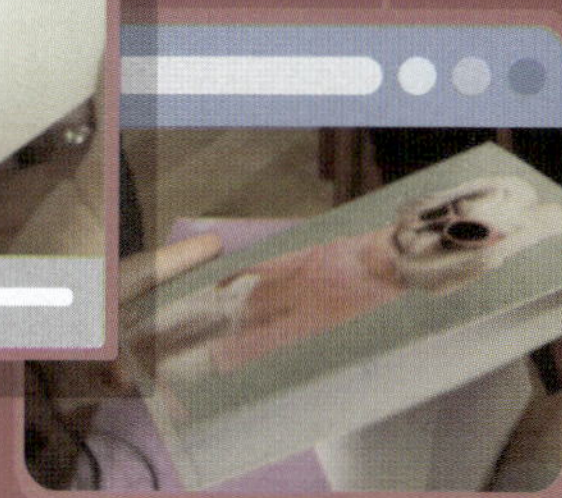

1 Relaciona las imágenes del vídeo con las frases.

- a Cuando Jorge llega a casa, su hermana Paloma le recuerda que mañana es su cumpleaños.
- b Los hermanos se sientan a charlar y ella insiste en recordarle a él que mañana es su cumpleaños. Después, intenta que su hermano le diga cuál será su regalo.
- c De repente, llega a casa un ramo de flores.
- d Más tarde reciben nuevos mensajes...

2 Basándote en las imágenes, haz suposiciones sobre lo que va a pasar.

Quizás...

Es probable que el ramo de flores...

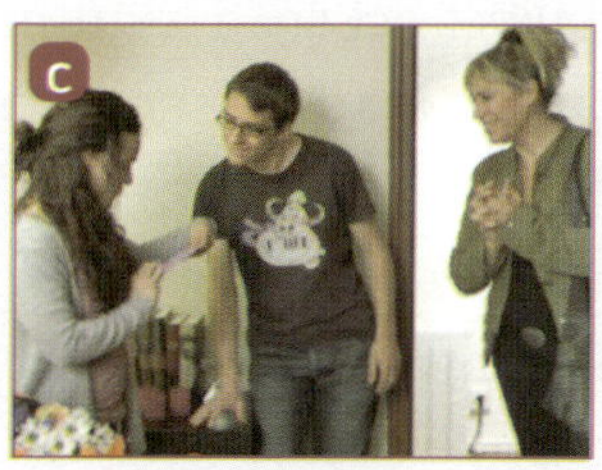

Tal vez la carta sea...

Es posible que su hermano...

3 Observa el vídeo y haz las actividades que te va a repartir tu profesor/a.

Secuencia de vídeo — Actividades interactivas

Mundo hispano
Cultura

EL TEATRO Y LAS TELENOVELAS

1 **Observa las fotos. ¿Te resultan familiares? ¿Qué crees que eran los corrales de comedias?**

2 **El profesor de Literatura ha hablado esta mañana en clase sobre los corrales de comedias. Lee lo que ha dicho y, después, contesta verdadero (V) o falso (F).**

Los corrales de comedias

En España, cuando hablamos de corrales de comedias nos situamos en el siglo XVI, que es cuando aparecieron, junto al denominado Siglo de Oro. Muchos fueron los escritores que escribieron obras teatrales en esta etapa literaria, algunos de los más importantes fueron Lope de Vega, Tirso de Molina o Calderón de la Barca.

Los corrales de comedias eran los espacios dedicados al teatro. No habían sido edificios construidos específicamente para ser teatros permanentes, sino que en los patios que formaban las casas de vecinos se empezaron a usar para hacer representaciones teatrales. Uno de los más importantes de España es el corral de comedias de Almagro, en Castilla-La Mancha, todavía conservado y donde hoy en día se siguen representando obras. El corral de comedias más antiguo que se conserva (pero parcialmente) es el corral de comedias de Alcalá de Henares, en Madrid.

El escenario estaba al fondo del patio. En los otros tres lados había galerías para el público con dinero, los nobles. El resto de la gente podía ver la obra en el patio, al aire libre y los hombres separados de las mujeres. Los niños no podían entrar. Cuando al público no le gustaba la representación silbaban a los actores y les tiraban frutas u otros objetos.

Las representaciones eran de día y duraban entre dos horas y media y tres horas. Como no había techo, se ponía un toldo para proteger del sol a los espectadores. En el escenario no había telón.

Los protagonistas de las obras solían ser el galán y la dama, el criado y la criada, el padre de la dama y, a menudo, aparecía un hombre poderoso, generalmente un rey.

a Ⓥ Ⓕ Los corrales de comedias aparecieron en el siglo XIV.
b Ⓥ Ⓕ Podía ir gente de cualquier edad.
c Ⓥ Ⓕ El escenario estaba al fondo del patio.
d Ⓥ Ⓕ El corral de Alcalá está en Castilla-La Mancha.
e Ⓥ Ⓕ Dos de los autores más importantes fueron Lope de la Barca y Calderón de la Vega.

Un mundo de novelas

La telenovela es una expresión cultural típica del mundo hispano. En estos programas de televisión no faltan dramas, villanos... ¡ni capítulos!

Las telenovelas son programas de televisión dramáticos. Pero no son cualquier programa: están estrechamente conectadas con la forma de ser de los países hispanos. Las historias de las telenovelas reflejan las tradiciones, las aspiraciones y, muchas veces, los temas de actualidad de la sociedad que las mira. "Las telenovelas son exitosas porque generan emoción y entretenimiento", explica Nora Mazziotti, investigadora argentina y autora de libros sobre telenovelas.

Aunque cada telenovela tiene una historia diferente, hay elementos comunes que están presentes en todas ellas. Suelen tener entre 100 y 200 capítulos. Hay un galán (normalmente, rico) y una heroína (normalmente, pobre), hay una villana que hace todo lo posible por separarlos y hay varios personajes secundarios que aportan historias divertidas para equilibrar el melodrama de la historia central.

Cada país latinoamericano produce telenovelas con un estilo distinto. "Las telenovelas mexicanas son las más tradicionales: son muy conservadoras, las brasileñas tienen elementos modernos, las colombianas tienen historias muy creativas y las argentinas suelen tener toques de comedia", dice Mazziotti.

Además de entretener, una importante función de las telenovelas es educar. Muchas de las historias incorporan personajes que atraviesan enfermedades graves, o viven situaciones serias como la decisión de adoptar un hijo o la pérdida de un trabajo.

3 **¿Qué opinas? Contesta a las siguientes preguntas y comenta tus ideas con tus compañeros.**

- **a** ¿Qué telenovela de las mencionadas te gustaría ver y por qué?
- **b** ¿Qué programas en la televisión de tu país tienen la función de entretener y educar? Da dos ejemplos.
- **c** Piensa en tu género televisivo favorito y haz una lista de los elementos que lo componen, según el ejemplo del texto.
- **d** Las villanas de las telenovelas siempre tienen un final violento. ¿Por qué?
- **e** ¿Por qué crees que las antagonistas de las telenovelas suelen ser mujeres?

TELEVISIÓN | LA MÁS EXITOSA

Yo soy Betty, la fea es una telenovela colombiana. Trata sobre una joven lista y culta que asciende profesionalmente gracias a su talento pero que es despreciada por su apariencia física. Es la telenovela latinoamericana más exitosa de la historia. Este es un perfil en números de su éxito:

- **7 millones** de personas vieron el primer beso de Betty con Armando, el galán.
- **100** países emitieron esta telenovela.
- **15** son los idiomas a los que se tradujo.
- **338** es el número de capítulos.
- **2001** es el año en que terminó.

La actriz América Ferrera protagonizó la versión norteamericana de *Yo soy Betty, la fea*.

Cuaderno de ejercicios p. 78 y 79

Actividades interactivas

Érase una vez... LITERATURA

1 **Uno de los autores más importantes de teatro del Siglo de Oro fue Calderón de la Barca. Pregunta a tu compañero/a para conocer algo de este autor.**

Calderón de la Barca

Alumno A

- a Nombre: 1 ....
- b Lugar de nacimiento: Madrid.
- c Año de nacimiento: 2 ....
- d N.º de obras escritas: más de 200.
- e Una de sus obras más importantes: 3 ....

Alumno B

- a Nombre: Pedro.
- b Lugar de nacimiento: 1 ....
- c Año de nacimiento: 1600.
- d N.º de obras escritas: 2 ....
- e Una de sus obras más importantes: *La vida es sueño.*

2 **En la obra *La vida es sueño* el protagonista, Segismundo, es encerrado al nacer en una torre para que no pueda salir nunca de ella. ¿Puedes imaginar las razones? Habla con tu compañero/a.**

Creo que ▪ Tal vez ▪ Es posible que
A lo mejor ▪ Puede que

3 **Para confirmar tus hipótesis, ordena estas partes que resumen el argumento principal de la obra *La vida es sueño*.**

- a ☐ Para que nadie sepa que existe un príncipe sucesor, lo encierra en una torre.
- b ☐ Segismundo finalmente gana, pero muestra respeto por su padre, porque es el rey. Basilio en ese momento es consciente de que su hijo será un buen rey en el futuro y le deja el trono.
- c ☐ Una vez en libertad, actúa de forma violenta contra todo el mundo y lo encierran otra vez.
- d ☐ El rey Basilio cuando nace su hijo Segismundo cree en una superstición que dice que ese niño no será un buen sucesor del trono.
- e ☐ El pueblo descubre que existe un príncipe heredero y lo liberan. Segismundo lucha contra su padre.
- f ☐ En una ocasión decide darle una oportunidad para comprobar si podrá ser un buen rey y lo saca de la torre.

50 **4 Ahora escucha y lee un fragmento de la obra donde habla Segismundo encerrado en la torre. Después, marca cuál es la interpretación correcta.**

La vida es sueño

¡Ay, mísero[1] de mí, ay infelice!
Apurar[2], cielos[3], pretendo,
ya que me tratáis así
qué delito[4] cometí
contra vosotros naciendo;
aunque si nací, ya entiendo
qué delito[5] he cometido:
bastante causa ha tenido
vuestra justicia[6] y rigor[7],
pues el delito mayor
del hombre es haber nacido.

Solo quisiera saber
para apurar[8] mis desvelos[9]
dejando a una parte, cielos,
el delito de nacer,
qué más os puede ofender
para castigarme más.
¿No nacieron los demás?
Pues si los demás nacieron,
¿qué privilegios[10] tuvieron
que yo no gocé[11] jamás?

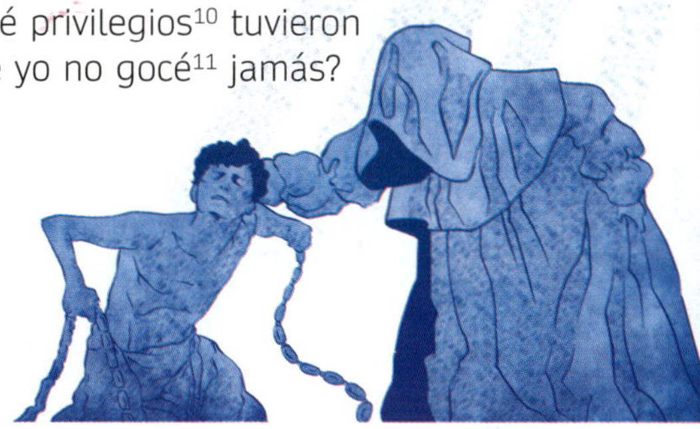

1. Antig. infeliz (*infelice*); 2. Averiguar, descubrir; 3. Indica que es una invocación a Dios; 4. Falta, culpa, error; 5. Se refiere al pecado original; 6. Se refiere a la justicia de los cielos; 7. Severidad; 8. Acabar, concluir; 9. Preocupación o sufrimiento; 10. Ventaja, mejor suerte; 11. Disfrutar.

a ☐ Segismundo no puede entender qué ha hecho para ser encerrado por su padre.

b ☐ Segismundo está preocupado por la justicia.

c ☐ Segismundo piensa que nacen muchos niños en el mundo.

5 Segismundo durante la obra piensa que está dormido y que su vida es un sueño. ¿Qué te sugieren las palabras “sueño” o “soñar”? Anota en tu cuaderno todas las palabras que te vengan a la mente al pensar en ellas.

6 Habla con tus compañeros: ¿Te gusta soñar? ¿Por qué? ¿Hay algún sueño que tengas a menudo?

7 Aquí tienes algunas expresiones relacionadas con los sueños. Relaciónalas con su significado.

1 No pegar ojo.
2 Dormir como un tronco.
3 Tener sueño.
4 Soñar con los angelitos.
5 Pasar la noche en blanco.
6 Cumplirse un sueño.
7 Tener un sueño.

a Estar cansado y con ganas de dormir.
b Hacerse realidad algo muy deseado.
c No poder dormir.
d Desear algo con mucha intensidad.
e En lenguaje infantil, dormir.
f Dormir muy profundamente.

8 Y tú, ¿cómo sueles dormir? Por la noche seguramente sueñas con los angelitos pero de día, ¿qué sueño te gustaría cumplir? Habla con tu compañero/a.

Actividades interactivas

Prueba de gramática y vocabulario

1 **Lee la carta que le escriben desde la sección de consejos de una revista a un lector y completa con una de las tres opciones propuestas.**

UNA FIESTA INOLVIDABLE

Querido amigo Álex:

Si estás pensando (1) ____ preparar una fiesta para impresionar a tu familia y amigos, a continuación te daremos algunos consejos (2) ____ convertir esa celebración en algo inolvidable.

En primer lugar deberás ponerte en contacto con las personas a las que quieres invitar para decidir el día. Un mensaje de móvil o un correo electrónico masivo será la forma más rápida de hacerlo. Lo mejor será proponer un día del fin de semana, ya que es más probable que (3) ____ más personas si no hay que madrugar al día siguiente.

Al menos un par de días antes del evento deberás ir al supermercado para comprar todo lo que necesitarás cuando (4) ____ a preparar la comida.

Piensa en sorprender a tus invitados con originales canapés. Además, es importante que haya gran variedad de ellos para satisfacer los gustos y exigencias de todos. (5) ____ que alguno sea vegetariano, que otro no coma ciertos productos o incluso que haya algún alérgico a cualquier alimento.

Otra cosa importante para causar (6) ____ impresión es la decoración. Igual los globos y las guirnaldas de las tiendas (7) ____ ya muy vistos, así que te recomendamos que crees tú mismo tu propia decoración, no hay nada como tu toque personal para impresionarlos.

Y música, por supuesto; alguien dijo una vez que no (8) ____ fiesta que mereciera tal nombre sin música. Para que todos (9) ____ sin parar te recomendamos que la música sea marchosa y sobre todo variada, por aquello de la diversidad de gustos que ya te comentábamos.

Los temas lentos resérvalos para el final, (10) ____ sean la excusa perfecta para aquellos que quieran sacar a bailar a alguna chica.

¡Ah! y sentimos decirte que, por muy cansado que estés, deberás ser el último en retirarte.

Si sigues todos estos pasos, te convertirás en el rey de las fiestas.

	a	b	c
1	de	en	para
2	para	por	en
3	asisten	asistirán	asistan
4	ve	irás	vayas
5	Tal vez	Quizás	Puede
6	buen	buena	grande
7	están	estén	sean
8	hubo	había	habría
9	bailan	bailen	bailarán
10	seguramente	igual	imaginamos que

Prueba de expresión e interacción orales

2 **Responde a estas preguntas de carácter personal.**

- **a** ¿Te gustan las fiestas? ¿Qué tipo de fiestas son las que más te gustan?
- **b** ¿Prefieres las fiestas en casa o en locales o discotecas? ¿Por qué?
- **c** ¿Te gusta invitar a tus amigos a una fiesta o prefieres que te inviten?
- **d** ¿Cuál es la última fiesta a la que has ido? ¿Cómo fue?

3 **Con tu compañero/a, realizad esta situación simulada.**

Te han invitado a una fiesta en un local. Cuando llegas, el portero no te deja entrar porque dice que vas en zapatillas. En la invitación no se especifica cómo hay que ir vestido. Solicitas hablar con el encargado de la discoteca. Cuando salga, exponle tu queja contándole lo que te ha dicho el portero y lo que no dice la invitación.

Cuaderno de ejercicios p. 79 y 80 · Actividades interactivas

1 Transforma las siguientes frases en estilo indirecto.

__/5

a Tengo frío y necesito un abrigo. Si no me sirve uno tuyo, voy a ir a comprarme uno.
Me ha dicho ....

b ¿Dónde tengo que ir? ¿Qué tengo que hacer? ¿Cuándo debo volver?
Me ha preguntado ....

c No he hecho nada y cuando vuelva de mi viaje te lo demostraré.
Me ha confesado ....

d ¿Está muy lejos la casa de tu primo? Es que estoy un poco cansado de caminar.
Me ha preguntado ....

e Dime la verdad. Me ha pedido ....

2 Relaciona para formar frases con sentido.

__/5

1 ¡Muchas gracias por el regalo de cumpleaños!
2 (¡Riiinnnggg!) Son las doce de la noche y no espero ninguna llamada.
3 No encuentro las llaves de casa por ningún sitio.
4 No sé por qué se escuchan tantas sirenas de la policía.
5 Sara me ha dicho que el abrigo que se compró la semana pasada ahora está mucho más barato.

a ¿Qué habrá pasado?
b ¿Qué será?
c ¿Cuánto costaría antes?
d ¿Dónde las habré puesto?
e ¿Quién será?

3 Relaciona para formar saludos y despedidas.

__/5

1 Se despide
2 Muy
3 Reciba
4 En espera
5 Estimado

a de sus noticias
b un cordial saludo
c atentamente
d señor
e señor mío

4 Completa el siguiente correo electrónico con los símbolos estudiados.

__/2

Mensaje nuevo

De: carol.sanz@gmail.com **Para:** LauraLA@hotmail.com

Hola, Laura **a** .... (dos puntos)
Te envío la dirección de correo electrónico de Pepe para que le envíes las fotos.
Es **b** .... (PepeguionbajoCruzarrobahotmailpuntocom)
Un besito, Carolina.

Ahora soy capaz de...

		Sí	No
a	...contar lo que han dicho otros.	Sí	No
b	...expresar la probabilidad de que algo suceda.	Sí	No
c	...plantear hipótesis en todos los tiempos.	Sí	No
d	...escribir una carta formal.	Sí	No

Sigue practicando con...
SPANISH BLOGGER Misión 24

Actividades interactivas

Ahora comprueba

51 **1 Escucha el siguiente anuncio sobre el musical *El rey León* y contesta a las preguntas.**

a ¿Dónde puedes ver *El rey León*? ....

b ¿Cómo puedes llegar? ....

c ¿Dónde y cómo puedes comprar las entradas? ....

d ¿Qué es la Butaca de Oro? ....

e ¿Cuál es el eslogan? ....

2 Completa el diálogo entre Nélida y Silvia con las siguientes expresiones.

creo que ▪ además ▪ desde luego ▪ es asombroso que ▪ no creo que
impresionante ▪ qué te parece ▪ pero qué dices

Nélida: ¿a .... ir a ver el musical de *El rey León*? Vi la película cuando era pequeña y me parece b .... poder ver ahora el musical en Madrid.

Silvia: ¡c ....! No me gustan nada los musicales.

Nélida: ¿No has visto su anuncio en la tele? Creo que d .... estén tan bien caracterizados los actores para parecer animales. Ya solo eso me parece increíble... Y las canciones fueron escritas por Elton Johny y el letrista Tim Rice, que ganaron un Óscar y un Tony.

Silvia: e .... sea el tipo de espectáculo para mí, prefiero una película. f ...., el teatro es carísimo.

Nélida: ¡g .... que es caro! Pero lo vale la emoción del directo, los actores cantando y bailando delante de ti, los efectos de la iluminación... Es tan espectacular que h .... es imposible verla y que no se te pongan los pelos de punta.

Silvia: ¡¿Imposible?! Hummm...

3 Relaciona los elementos de las tres columnas y construye frases para descubrir el argumento de *El rey León*.

1 Simba es un cachorro y sucesor al trono, •	• a por eso •	• 1 le enseñan la filosofía de vivir sin preocupaciones: *el Hakuna Matata.*
2 Scar organiza la muerte de Mufasa, el padre de Simba, y le hace creer que es culpa suya, •	• b incluso •	• 2 su tío Scar quiere ser el próximo rey y prepara un plan para ocupar el trono.
3 Simba tiene dos nuevos amigos que le adoptan y, •	• c además, •	• 3 llega a hacer pensar a todos los animales que Simba ha muerto. ¿Volverá a recuperar su reino?
4 Su tío Scar toma el trono, •	• d sin embargo •	• 4 se siente culpable y escapa a la selva.

4 **Completa este diálogo entre dos amigos. Ninguno de los dos tiene información sobre la obra. Lee las respuestas y piensa cuál fue la pregunta, como en el ejemplo.**

Sandra: *¿Cuánto costarán las entradas?*
Mateo: Ni idea, pero imagino que serán caras.
Sandra: a ....
Mateo: Imagino que en la taquilla del teatro o por internet, pero no estoy seguro.
Sandra: b ....
Mateo: Creo que está por el centro de Madrid. Lo podemos mirar en la página web del teatro.
Sandra: c ....
Mateo: Me imagino que sí ha ganado muchos premios.
Sandra: d ....
Mateo: Supongo que más de dos horas, como todos los musicales.
Sandra: e ....
Mateo: Tal vez. Si no, pues buscamos un aparcamiento.
Sandra: f ....
Mateo: Ya sabes que yo tampoco lo sé, pero normalmente las funciones son sobre las ocho de la tarde, ¿no?
Sandra: g ....
Mateo: Seguramente. La han representado en muchos países, entonces supongo que sí, que la han visto muchas personas.

5 **En la historia de *El rey León* aparecen muchos animales. Habla con tu compañero/a para decidir a cuál corresponden estas fotos.**

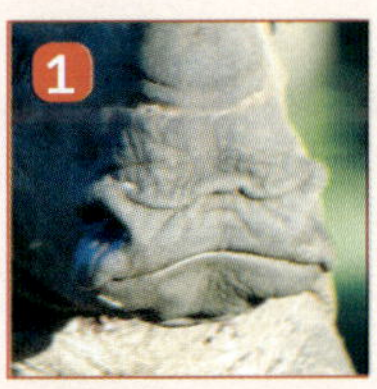
1
- a ☐ toro
- b ☐ rinoceronte
- c ☐ jabalí

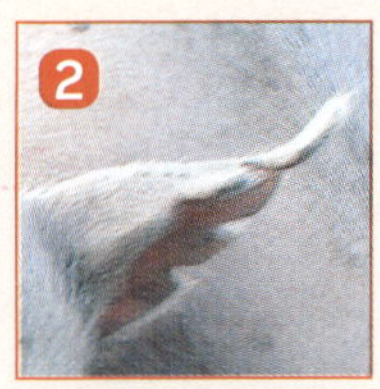
2
- a ☐ elefante
- b ☐ ciervo
- c ☐ cerdo

3
- a ☐ pingüino
- b ☐ oso panda
- c ☐ cebra

4
- a ☐ loro
- b ☐ águila
- c ☐ tucán

6 **Ahora, escribid vuestras hipótesis sobre el ejercicio 5 usando diferentes marcadores o formas de hacerlo.**

1	2	3	4

UNIDAD 1

PRETÉRITO PLUSCUAMPERFECTO

- El **pretérito pluscuamperfecto** se forma con el pretérito imperfecto del verbo *haber* más el participio del verbo que expresa la acción.

yo	hab**ía**	
tú	hab**ías**	
él/ella/usted	hab**ía**	llegado / comido / vivido
nosotros/as	hab**íamos**	
vosotros/as	hab**íais**	
ellos/ellas/ustedes	hab**ían**	

llegado = lleg**ado**, comido = com**ido**, vivido = viv**ido**

Participios irregulares

abrir → **abierto**	hacer → **hecho**
decir → **dicho**	romper → **roto**
escribir → **escrito**	ver → **visto**
poner → **puesto**	volver → **vuelto**

EXPANSIÓN GRAMATICAL

- El **pretérito pluscuamperfecto** se usa para:
  - Hablar de hechos terminados en un momento anterior a otro momento en el pasado. Fíjate en el uso de ***todavía*** y de ***ya*** con este tiempo verbal:
    - *Cuando llegué al cine la película no* ***había comenzado*** *todavía/la película todavía no* ***había comenzado****.*
    (Llegué al cine a las 17:59, la película comenzó a las 18:00)
    - *Cuando llegué al cine la película* ***había comenzado*** *ya/la película ya* ***había comenzado****.*
    (Llegué al cine a las 18:05 y la película comenzó a las 18:00)
  - Expresar una acción posterior a otra en el tiempo, pero con una idea de inmediatez:
    - *Le compré un juguete y al día siguiente ya lo* ***había roto****.*
    - *Para mi cumpleaños me regalaron una novela y a la semana siguiente ya la* ***había leído****.*
  - Hablar de algo que hacemos por primera vez:
    - *Nunca/Nunca antes* ***había estado*** *aquí. / No* ***había estado*** *aquí nunca/nunca antes.*
    - *Nunca/Nunca antes* ***habíamos viajado*** *en globo. / No* ***habíamos viajado*** *en globo nunca/nunca antes.*

    Fíjate en el uso de ***nunca*** y de ***nunca antes***.
  - Preguntar por experiencias con ***antes*** y ***alguna vez***:
    - *¿****Habías estado*** *en Madrid alguna vez/antes?*

1 **Completa las frases con los verbos entre paréntesis en el tiempo adecuado.**

a Cuando mi padre .... (llegar), ... (acostarse, nosotros) ya.
b Cuando .... (llamar, tú) anoche todavía no .... (llegar, yo) a casa.
c Mi madre me llamó y me .... (decir) lo que tenía que comprar, pero al llegar a la tienda ya lo .... (olvidar, yo).
d ¿.................................... (Ver, vosotros) alguna vez un espectáculo tan divertido como este?
e No te .... (responder, ella) ayer porque todavía no .... (ella, abrir) su correo.

2 **Completa las frases con las siguientes expresiones y, después, clasifícalas según su uso.**

ya (x2) ▪ nunca/nunca antes ▪ todavía no ▪ alguna vez/antes

a Cuando llegamos al aeropuerto, el avión .... había despegado y tuvimos que comprar otro billete.
b ¡Qué perro tan pequeño! .... había visto uno de ese tamaño.

c ¿Habíais probado la comida mexicana ....?
d Cuando mis padres se trasladaron a Barcelona yo .... había nacido.
e Ayer me encontré 50 euros en el metro y media hora después ¡..................................... me los había gastado!

- Hablar de una acción anterior a otra en el tiempo: ....
- Hablar de una acción inmediatamente posterior a otra: ....
- Hablar de algo que se hace por primera vez: ....

UNIDAD 2

CONDICIONAL SIMPLE

Verbos regulares

	hablar	comer	escribir
yo	hablar**ía**	comer**ía**	escribir**ía**
tú	hablar**ías**	comer**ías**	escribir**ías**
él/ella/usted	hablar**ía**	comer**ía**	escribir**ía**
nosotros/as	hablar**íamos**	comer**íamos**	escribir**íamos**
vosotros/as	hablar**íais**	comer**íais**	escribir**íais**
ellos/ellas/ustedes	hablar**ían**	comer**ían**	escribir**ían**

Verbos irregulares

tener → ten**dr-**	venir → ven**dr-**	caber → ca**br-**	hacer → **har-**	+ **ía** / **ías** / **ía** / **íamos** / **íais** / **ían**
poder → po**dr-**	salir → sal**dr-**	haber → ha**br-**	decir → **dir-**	
poner → pon**dr-**	valer → val**dr-**	saber → sa**br-**	querer → que**rr-**	

- El **condicional simple** se usa para:
  - Dar consejos o hacer recomendaciones:
    – *Yo/Yo que tú/Yo en tu lugar, le **diría** la verdad, seguro que lo entiende.*
    – ***Deberías** comer menos dulces, no son muy saludables.*
    – ***Podrías** presentarte al* casting *para el programa de baile. Lo haces muy bien.*
  - Pedir permiso y favores:
    – *¿**Te importaría** acercarme la chaqueta? Es que yo no alcanzo.*
  - Expresar probabilidad o hipótesis en el pasado:
    – ***Tendría** 20 años cuando empezó a cantar.*

UNIDAD 3

PRESENTE DE SUBJUNTIVO

- El **presente de subjuntivo** se usa para:
  - Expresar deseos. Si en la frase solo hay un sujeto, usamos el infinitivo. Si hay sujetos diferentes, usamos el subjuntivo:
    – (Yo) *Quiero* (yo) ***hablar*** *contigo.* / (Yo) *Quiero que* (nosotros) ***hablemos***.
    – (Yo) *Espero* (yo) ***verte*** *pronto.* / (Yo) *Espero que nos* (nosotros) ***veamos*** *pronto.*

- Expresar finalidad. Sucede lo mismo que en el caso anterior:
  – *He hecho una tortilla para **cenar**. / He hecho una tortilla para que **cenéis** Carla y tú.*
- Expresar futuro en oraciones temporales, si no es una pregunta:
  ◗ *¿Cuándo volverá Ana?* ◗ *Cuando **salga** de trabajar.*

Verbos regulares

Fíjate que es igual que el presente de indicativo pero con cambios vocálicos:

	hablar	**comer**	**vivir**
yo	habl**e**	com**a**	viv**a**
tú	habl**es**	com**as**	viv**as**
él/ella/usted	habl**e**	com**a**	viv**a**
nosotros/as	habl**emos**	com**amos**	viv**amos**
vosotros/as	habl**éis**	com**áis**	viv**áis**
ellos/ellas/ustedes	habl**en**	com**an**	viv**an**

Verbos irregulares

Los verbos irregulares en presente de indicativo lo son también en presente de subjuntivo.

- Verbos con irregularidad vocálica:

	(e → ie)	(e → i)	(o → ue)
	querer	**pedir**	**volver**
yo	qu**ie**ra	p**i**da	v**ue**lva
tú	qu**ie**ras	p**i**das	v**ue**lvas
él/ella/usted	qu**ie**ra	p**i**da	v**ue**lva
nosotros/as	queramos	p**i**damos	volvamos
vosotros/as	queráis	p**i**dáis	volváis
ellos/ellas/ustedes	qu**ie**ran	p**i**dan	v**ue**lvan

- Verbos completamente irregulares:

	haber	**ir**	**saber**	**estar**	**ser**	**ver**	**dar**
yo	haya	vaya	sepa	esté	sea	vea	dé
tú	hayas	vayas	sepas	estés	seas	veas	des
él/ella/usted	haya	vaya	sepa	esté	sea	vea	dé
nosotros/as	hayamos	vayamos	sepamos	estemos	seamos	veamos	demos
vosotros/as	hayáis	vayáis	sepáis	estéis	seáis	veáis	deis
ellos/ellas/ustedes	hayan	vayan	sepan	estén	sean	vean	den

- Verbos irregulares en la raíz, en todas las personas:

poner → **pong-**	traer → **traig-**		**-a**
tener → **teng-**	hacer → **hag-**		**-as**
salir → **salg-**	caer → **caig-**		**-a**
venir → **veng-**	construir → **construy-**		**-amos**
decir → **dig-**	conocer → **conozc-**		**-áis**
			-an

EXPANSIÓN GRAMATICAL

- Otros verbos con irregularidad vocálica:

- **e → ie (excepto 1.ª y 2.ª pers. plural)**
  - **cerrar** → *cierre*
  - **comenzar** → *comience*
  - **despertarse** → *se despierte*
  - **divertirse** → *se divierta*
  - **empezar** → *empiece*
  - **encender** → *encienda*
  - **encerrar** → *encierre*
  - **entender** → *entienda*
  - **gobernar** → *gobierne*
  - **manifestar** → *manifieste*
  - **mentir** → *mienta*
  - **querer** → *quiera*
  - **recomendar** → *recomiende*
  - **sentarse** → *se siente*
  - **sentarse** → *se siente*
  - **sentir** → *sienta*

- **e → i**
  - **competir** → *compita*
  - **despedir** → *despida*
  - **despedirse** → *se despida*
  - **impedir** → *impida*
  - **medir** → *mida*
  - **repetir** → *repita*
  - **vestirse** → *se vista*

- **o → ue (excepto 1.ª y 2.ª pers. plural)**
  - **acordarse** → *se acuerde*
  - **acostarse** → *se acueste*
  - **contar** → *cuente*
  - **llover** → *llueva*
  - **probar** → *pruebe*
  - **resolver** → *resuelva*
  - **rogar** → *ruegue*
  - **soler** → *suela*
  - **sonar** → *suene*
  - **soñar** → *sueñe*
  - **volar** → *vuele*
  - **volver** → *vuelva*

- **Excepciones:**

dormir	morir
duerma	muera
duermas	mueras
duerma	muera
d**u**rmamos	m**u**ramos
d**u**rmáis	m**u**ráis
duerman	mueran

3 Completa.

a ¿Quieres que te .... (recomendar) algún libro divertido?
b Espero que Nerea no me .... (mentir) otra vez, es muy mentirosa...
c Espero que David .... (despedirse) de nosotros antes de irse. Lo echaremos de menos.
d Ojalá algún día .... (resolver) todos tus problemas.
e Espero que Alberto .... (sentarse) lejos de mí. Es muy pesado.
f No quiero que .... (sonar) el despertador, se está tan bien en la cama...
g No sé qué pretende quitando el aire acondicionado. Igual que .... (morirnos, nosotros) de calor.
h Y recordad que mañana salimos a las seis de la mañana. Así que espero que .... (acostarse, vosotros) pronto y que no .... (dormirse, vosotros).

REGLAS GENERALES DE ACENTUACIÓN

- Recuerda que las palabras se dividen en agudas, llanas, esdrújulas y sobresdrújulas según su pronunciación.

Agudas	Llanas	Esdrújulas	Sobresdrújulas
La sílaba tónica es la última. Se acentúan cuando terminan en ***-n*, *-s* o vocal**.	La sílaba tónica es la penúltima. Se acentúan cuando no terminan en ***-n*, *-s* o vocal**.	La sílaba tónica es la antepenúltima o anterior a la antepenúltima. Se acentúan siempre.	La sílaba tónica es anterior a la antepenúltima.
ooÓ	oÓo	Óoo	Óooo
después, canción, pasó, internet	*fácil, carácter, caro, mosca*	*música, mágico, pájaro*	*déjamelo, clínicamente*

EXPANSIÓN GRAMATICAL

4 **Clasifica estas palabras en agudas, llanas y esdrújulas, y acentúalas.**

diselo ▪ camion ▪ salon ▪ hace ▪ casco ▪ compratela ▪ ambulancia ▪ tragico
salida ▪ carcel ▪ melon ▪ sofa ▪ crater

Agudas	Llanas	Esdrújulas o Sobresdrújulas

UNIDAD 4

EXPRESAR SENTIMIENTOS Y ESTADOS DE ÁNIMO

▪ Para expresar estados de ánimo o sentimientos podemos usar diferentes estructuras:

- Verbo ***estar*** + adjetivo* + *con* + nombre:
  – *Mi hermana **está** muy **contenta con su profesora** de Música.*
- Verbo ***estar*** + adjetivo + *de* + infinitivo (Si el sujeto de los dos verbos coincide):
  – ***Estamos encantadas de asistir** al estreno de la nueva película de Mario Casas.*
- Verbo ***estar*** + adjetivo + *de que* + subjuntivo (Si el sujeto de los dos verbos es diferente):
  – ***Estoy encantada de que te quedes** unos días más con nosotros.*
- Verbos ***ponerse***, ***sentirse*** o ***estar*** + adjetivo + *cuando/si* + indicativo:
  – *Yo **me pongo furioso cuando dejo** un libro y no me lo devuelven.*
  – *Yo **me siento mal si veo** una noticia triste.*

Fíjate que en este caso el nexo *cuando* introduce una información temporal y el nexo *si* introduce una condición.

(*) Ten en cuenta que en las estructuras con adjetivo este concuerda en género y número con el sujeto.

▪ Otro grupo de verbos:

No soportar
No aguantar
Odiar
Adorar

+ nombre – *Odio los lunes.*
+ infinitivo (Si el sujeto de los dos verbos coincide) – *No soporto madrugar.*
+ ***que*** + subjuntivo (Si el sujeto de los dos verbos es diferente)
– *No aguanto que me empujen en el metro.*

▪ También podemos expresar sentimientos con verbos que siguen la estructura de ***gustar***:

- *Me, te, le, nos...* + *da rabia, pone alegre, molesta* + infinitivo (Si quien experimenta el sentimiento y quien realiza la acción es la misma persona):
  – *A mí me da vergüenza hablar en público.*
- *Me, te, le, nos...* + *da rabia, pone alegre, molesta* + *que* + subjuntivo (Si quien experimenta el sentimiento y quien realiza la acción son personas distintas):
  – *A mí me da rabia que la gente toque los cuadros en los museos.*

(*) Recuerda que el adjetivo concuerda en género y número con la persona que experimenta el sentimiento:

– *A mi madre le pone **enferma** que no recoja mi habitación.*

(**) Recuerda que el sujeto en estas estructuras es lo que nos provoca el sentimiento, por lo que si se trata de un nombre plural el verbo que expresa sentimiento también irá en plural: *dan, ponen, hacen...*

– *Me **aburren** las películas de amor.*

PERÍFRASIS VERBALES

- Una perífrasis verbal es la combinación de un verbo conjugado y una forma no personal del verbo (infinitivo o gerundio), conectados, a veces, mediante una preposición.

  Usamos:

  • ***Empezar/Ponerse a*** + infinitivo, para expresar el inicio de una acción:
    – ***He empezado a leer*** *una novela muy interesante.*
    – *En cuanto llegué a casa* ***me puse a estudiar*** *para el examen del día siguiente.*

  • ***Volver a*** + infinitivo, para expresar la repetición de una acción:
    – *El año pasado me apunté a clases de teatro y este año* ***he vuelto a apuntarme.***

  • ***Seguir/Continuar*** + gerundio, para expresar la continuación de una acción:
    – *Nos conocimos en la guardería y hoy todavía* ***seguimos siendo*** *amigas.*
    – *Este verano* ***continuaré yendo*** *a clases de inglés, no quiero olvidar lo que he aprendido.*

  • ***Acabar de*** + infinitivo, para expresar una acción pasada recientemente:
    – *Si quieres pastel espera a que se enfríe un poco, que* ***acabo de sacarlo*** *del horno.*

  • ***Dejar de*** + infinitivo, para expresar la interrupción de una acción:
    – ***He dejado de ir*** *a clases de guitarra porque este año no tengo tanto tiempo.*

VERBOS DE CAMBIO

- Para expresar **cambios espontáneos o provisionales** en una persona usamos:

  • ***Ponerse*** + adjetivo:
  – *Al hablar* ***se ha puesto muy nervioso*** *y ha olvidado la mitad del discurso.*
  – ***Se ha puesto rojo*** *cuando le han preguntado si le gustaba Marta.*

  • ***Quedarse*** (indica el resultado, el estado final):
  – ***Se ha quedado muy sorprendido*** *por la noticia.*
  – *¡Mi madre* ***se ha quedado embarazada****! Esto sí que no lo esperábamos.*

  A veces, ***quedarse*** también expresa cambios permanentes:
  – *Mi abuelo* ***se quedó calvo*** *cuando todavía era joven.*

- Para expresar **cambios permanentes** usamos:

  • ***Volverse*** + adjetivo/sustantivo (no voluntario):
  – ***Se ha vuelto un antipático****. No sé qué le ha pasado, pero antes no era así.*
  – *Desde su divorcio,* ***se ha vuelto más reservada****.*

  • ***Hacerse*** (cambio voluntario o gradual):
  – *Antes era abogado y ahora* ***se ha hecho juez****.*

  Puede aparecer con adjetivos y sustantivos que expresan profesión, religión e ideología:
  – *Desde pequeño lo tuvo claro, así que estudió Medicina y* ***se hizo médico****.*
  – *Viajó al Tíbet y, después de aquella experiencia,* ***se hizo budista****.*
  – *Con esa situación tan difícil de sobrellevar al final* ***se hizo fuerte****.*

UNIDAD 5

OPINAR

- Para **pedir opinión** usamos:

  • ***¿Qué piensas/crees/opinas de/sobre...?***:
    – *¿(Tú) qué piensas de este periódico?*

  • ***¿(A ti) qué te parece...?***:
    – *¿A ti qué te parece lo que está pasando con la organización de la fiesta?*

  • ***En tu opinión/Desde tu punto de vista/Según tú*** + oración interrogativa:
    – *Desde tu punto de vista, ¿cuál es el anuncio más inteligente?*

- Para **dar opinión** usamos:
  - ***En mi opinión/Desde mi punto de vista...***:
    – *En mi opinión, el blog (no) es muy interesante.*
  - ***Me parece que/Creo que/Pienso que*** + indicativo:
    – *Nos parece que la marca es muy importante.*
  - ***No me parece que/No creo que*** + presente de subjuntivo:
    – *No nos parece que la marca sea tan importante.*

- **Mostrar acuerdo** y **desacuerdo** con una opinión:
  - ***(No) estoy a favor de***
  - ***(No) estoy en contra de***
  - ***(No) estoy (del todo) de acuerdo con***

  [+ nombre / + infinitivo (mismo sujeto) / + *que* + presente de subjuntivo (sujetos diferentes)]

  – *No estoy de acuerdo con todo tipo de anuncios.*
  – *Estoy en contra de ser manipulado por la publicidad.*
  – *Estoy a favor de que nos pidan opinión antes de vendernos sus productos.*

- Otras formas para:

Expresar acuerdo	Suavizar el desacuerdo	Expresar desacuerdo
• Sí, claro. • ¡Desde luego! • ¡Claro, claro! • Yo pienso lo mismo que tú. • Por supuesto. • ¡Y que lo digas! (coloquial)	• Yo no diría eso... • Tienes razón, pero... • Sí, es una idea interesante, pero por otra parte... • A mi modo de ver, ese no el problema/el tema... • Lo que pasa es que...	• ¡No, no! • ¡No, de ninguna manera! • ¡Qué va! • ¡(Pero) qué dices! (coloquial) • ¡Anda ya! (coloquial)

VALORAR

- Para **pedir valoración**:
  - ***¿Te parece bien/mal*** + nombre/infinitivo/*que* + presente de subjuntivo?:
    – *¿Te parece mal el sueldo de un publicista?*
    – *¿Te parece bien poder usar buscadores para hacer trabajos de clase?*
    – *¿Te parece una tontería que los publicistas ganen mucho dinero?*

- Para **valorar**:
  - ***Me parece***
  - ***Es***

  [*(parecer) bien/mal* / *triste/increíble/cómico/justo/ridículo/exagerado/preocupante* / *una tontería/una vergüenza...* / *(ser) bueno/malo*] + *que* + presente de subjuntivo

  – *Es increíble que se gasten tanto en anunciar sus productos.*
  – *Me parece bien que se entienda como una inversión y no como un gasto.*
  – *Creo que es una tontería que siempre veas los anuncios.*

  - ***Está claro***
  - ***Es obvio/verdad***

  [+ *que* + indicativo]

  – *Está claro que la publicidad es creación.*

  - ***¡Qué*** [***bien/interesante***] [*este artículo!* / *poder compartir tanta información a través de Facebook!* / *que nuestro instituto tenga una página web!*]

CONECTORES PARA ORGANIZAR LAS IDEAS DE UN TEXTO

- Para **distinguir** dos argumentos:

  En primer lugar... / En segundo lugar...

  – *La juventud es muy crítica.* ***En primer lugar*** *no acepta cualquier cosa y* ***en segundo lugar*** *busca lo que quiere.*

- Para **oponer** dos argumentos:

  Por un lado / una parte... Por otro (lado) / por otra (parte)...

  – *Comer bien es importante.* ***Por un lado*** *es necesario,* ***por otro*** *un placer.*

- Para **añadir** argumentos:

  Y / Además / También / Asimismo

  – *La creatividad está presente en la publicidad,* **además** *de la originalidad por supuesto.*

- Para **ejemplificar** y **explicar:**

  Por ejemplo / Es decir / O sea

  – *El alto nivel de competencia hace necesario invertir en publicidad,* ***es decir,*** *hay muchos productos buenos y similares en el mercado, pero algo te hace elegir uno.*

- Para **aludir a un tema** ya planteado:

  (Con) respecto a (eso de/eso) / Sobre (eso)...

  – ***Con respecto a*** *eso que has dicho antes, siento no estar totalmente de acuerdo contigo.*

- Para **añadir razones** en un orden de fuerza creciente:

  Incluso

  – *María trabaja todos los días,* ***incluso*** *los domingos.*

- Para **contraponer** razones:

  Bueno / Pero / Sin embargo / No obstante / En cambio

  – *El rojo es mi color preferido,* ***sin embargo*** *nunca llevo ropa de ese color.*

- Para expresar **consecuencia**:

  Así que / De modo que / De manera que / De ahí que / Así pues / Pues

  – *Me encantan las películas,* ***así que*** *voy al cine siempre que puedo.*

- Para sacar **conclusiones**:

  Entonces / Total que / Por lo tanto / En resumen / En conclusión / Para terminar

  – *Fuimos a la montaña sin botas ni ropa adecuada,* ***total que*** *pasamos muchísimo frío.*

UNIDAD 6

EL ESTILO INDIRECTO

- Para repetir una información usamos verbos como *decir*, *comentar* o *confesar* en presente o pretérito perfecto de indicativo:
  – *"Eres lo mejor de mi vida".* → *Dice/Ha dicho* ***que soy*** *lo mejor de* ***su*** *vida.*
  – *"Estuve aquí comiendo con Pedro".* → *Dice/Ha dicho* ***que estuvo allí*** *comiendo con Pedro.*
  – *"Cree que tenemos este libro".* → *Dice/Ha dicho* ***que*** *cree que* ***tienen ese*** *libro.*

En estos casos no se producen cambios en los tiempos verbales, pero sí hay cambios en:

- Los pronombres personales:
  - *"**Yo** quiero ir".* ➜ *Dice que **él/ella** quiere ir.*
  - *"**Tú** quieres hablar siempre".* ➜ *Dice que **yo** quiero hablar siempre.*
- Los adjetivos y pronombres demostrativos:
  - *"**Te** daré **este** libro".* ➜ *Dice que **me** dará **ese** libro.*
- Los adjetivos y pronombres posesivos:
  - *"Este es **mi** coche".* ➜ *Dice que ese es **su** coche.*
- Los adverbios *allí, ahí, allí:*
  - *"Este de **aquí** es mi hermano".* ➜ *Dice que aquel de **ahí/allí** es su hermano.*
- Los verbos *ir, venir, traer, llevar* también se modifican:
  - *"Voy a **ir** a tu casa".* ➜ *Dice que va a **venir** a mi casa.*
- Los adverbios de tiempo: *hoy* ➜ *aquel día*; *ayer* ➜ *el día anterior*; *luego/después* ➜ *más tarde*; *mañana* ➜ *al día siguiente*; *ahora* ➜ *entonces*

■ Cuando lo que transmitimos es una orden o petición, el imperativo cambia a presente de subjuntivo:

- *"**Compra** el pan".* ➜ *Me ha ordenado que **compre** el pan.*

En este último caso repetimos la información usando verbos como *ordenar, aconsejar, sugerir* o *recomendar.*

■ Cuando transmitimos preguntas:

- *"¿Habéis hecho los deberes?".* ➜ *El profesor ha preguntado **si** hemos hecho los deberes.*
- *"¿Cuándo vais a hacer los deberes?".* ➜ *El profesor nos ha preguntado **cuándo** vamos a hacer los deberes.*

Cuando la pregunta no tiene un pronombre interrogativo *(cómo, dónde, qué, cuándo...),* para repetirla en estilo indirecto usamos el verbo *preguntar* + ***si***.

EXPANSIÓN GRAMATICAL

■ También podemos transmitir la información en estilo indirecto usando la forma del indefinido en el verbo introductorio. En este caso hay más cambios verbales.

Información en estilo directo	**Estilo indirecto** *(dice/ha dicho)*	**Estilo indirecto** *(dijo)*
presente	no cambia	pretérito imperfecto
pretérito indefinido	no cambia	pretérito indefinido o pluscuamperfecto
pretérito perfecto	no cambia	pretérito pluscuamperfecto
pretérito imperfecto	no cambia	pretérito imperfecto
pretérito pluscuamperfecto	no cambia	pretérito pluscuamperfecto
futuro	no cambia	condicional
condicional	no cambia	condicional

Cuando en estilo directo se usa el imperativo, en estilo indirecto siempre se transforma en subjuntivo.

5 Transforma estas frases siguiendo el ejemplo.

a Estudio español. Me dijo que estudiaba español.
b Estudié español. ....
c He estudiado español. ....
d Estudiaba español. ....
e Había estudiado español. ....
f Estudiaré español. ....
g Estudiaría español. ....

6 **Marca la opción correcta.**

a "Tienes que estudiar más".
Todos los días mi madre me dice que ***tengo*** / ***tenía*** que estudiar más.

b "Fui al cine con mi familia".
Ayer me dijo que ***iría*** / ***había ido*** al cine con su familia.

c "En los últimos años he ido pocas veces a la playa".
Me dijo que ***va*** / ***había ido*** pocas veces a la playa en los últimos años.

d "Me encantaría tener otro perro".
Hoy me ha dicho que le ***encantaría*** / ***encantará*** tener otro perro.

e "Mañana antes de cenar prepararé la maleta".
Me dijo que antes de cenar ***prepararía*** / ***preparó*** la maleta.

7 **Completa el cuadro.**

Información en estilo directo	**Estilo indirecto** *(Dijo)*
presente	
pretérito indefinido	
pretérito perfecto	
pretérito imperfecto	
pretérito pluscuamperfecto	
futuro	
condicional	

VERBOS Y EXPRESIONES PARA EXPRESAR HIPÓTESIS O PROBABILIDAD

- Otras formas de expresar hipótesis o probabilidades:

Creo/Me parece
Me imagino/Supongo [***que***] + indicativo
Para mí/Yo diría

– *Creo que ese modelo de móvil* ***es*** *uno de los mejores.*

A lo mejor/Lo mismo/Igual [+ indicativo

– *Igual* ***es*** *un problema de tu compañía.*

Probablemente/
Posiblemente/Seguramente [+ indicativo/subjuntivo
Quizás/Tal vez

– *Quizás la compañía telefónica se* ***pone/ponga*** *en contacto conmigo después de mi reclamación.*

Es posible/Es probable
Puede ser/Puede [***que***] + subjuntivo

– *Puede que mi teléfono* ***tenga*** *algún defecto de fábrica, me lo compré hace poco y no me dura nada la batería.*

- Podemos expresar también probabilidad con diferentes tiempos verbales:
  - Tiempo presente → futuro imperfecto
    - *¿Sabes dónde está Javier?*
    - *No sé,* ***estará*** *todavía en el metro.*
  - Tiempo pasado reciente → futuro perfecto
    - *¿Sabes cuándo ha llegado hoy?*
    - *Pues no sé,* ***habrá llegado*** *como siempre.*
  - Tiempo pasado → condicional
    - *¿Sabes cómo vino ayer a clase?*
    - *No lo sé.* ***Vendría*** *andando.*

EL PRETÉRITO PLUSCUAMPERFECTO

hab**ía** hab**ías** hab**ía** hab**íamos** hab**íais** hab**ían**	+	lleg-	**ado** (verbos en -AR)
		com- viv-	**ido** (verbos en -ER/-IR)

lleg**ado**
com**ido**
viv**ido**

Participios irregulares

abrir ➜ **abierto**	hacer ➜ **hecho**
decir ➜ **dicho**	romper ➜ **roto**
escribir ➜ **escrito**	ver ➜ **visto**
poner ➜ **puesto**	volver ➜ **vuelto**

EL CONDICIONAL SIMPLE

■ **Verbos regulares**

HABLAR	COMER	ESCRIBIR
hablar**ía**	comer**ía**	escribir**ía**
hablar**ías**	comer**ías**	escribir**ías**
hablar**ía**	comer**ía**	escribir**ía**
hablar**íamos**	comer**íamos**	escribir**íamos**
hablar**íais**	comer**íais**	escribir**íais**
hablar**ían**	comer**ían**	escribir**ían**

■ **Verbos irregulares**

tener ➜ **tendr-**	venir ➜ **vendr-**	caber ➜ **cabr-**	hacer ➜ **har-**	**-ía**
poder ➜ **podr-**	salir ➜ **saldr-**	haber ➜ **habr-**	decir ➜ **dir-**	**-ías** **-ía** **-íamos**
poner ➜ **pondr-**	valer ➜ **valdr-**	saber ➜ **sabr-**	querer ➜ **querr-**	**-íais** **-ían**

EL PRESENTE DE SUBJUNTIVO

■ **Verbos regulares**

-ar HABLAR	-er COMER	-ir VIVIR
habl**e**	com**a**	viv**a**
habl**es**	com**as**	viv**as**
habl**e**	com**a**	viv**a**
habl**emos**	com**amos**	viv**amos**
habl**éis**	com**áis**	viv**áis**
habl**en**	com**an**	viv**an**

■ **Verbos irregulares**

- Verbos con irregularidad vocálica:

E ➜ IE	E ➜ I	O ➜ UE
qu**ie**ra	p**i**da	v**ue**lva
qu**ie**ras	p**i**das	v**ue**lvas
qu**ie**ra	p**i**da	v**ue**lva
queramos	p**i**damos	volvamos
queráis	p**i**dáis	volváis
qu**ie**ran	p**i**dan	v**ue**lvan

• Verbos completamente irregulares:

HABER	IR	SABER	ESTAR	SER	VER	DAR
haya	vaya	sepa	esté	sea	vea	dé
hayas	vayas	sepas	estés	seas	veas	des
haya	vaya	sepa	esté	sea	vea	dé
hayamos	vayamos	sepamos	estemos	seamos	veamos	demos
hayáis	vayáis	sepáis	estéis	seáis	veáis	deis
hayan	vayan	sepan	estén	sean	vean	den

• Verbos irregulares en la raíz, en todas las personas:

poner → **pong-**	traer → **traig-**	**-a**
tener → **teng-**	hacer → **hag-**	**-as**
salir → **salg-**	caer → **caig-**	**-a**
venir → **veng-**	construir → **construy-**	**-amos**
decir → **dig-**	conocer → **conozc-**	**-áis**
		-an

• Verbos con irregularidad vocálica:

e → ie
(excepto 1.ª y 2.ª pers. plural)

cerrar	→ cierre
comenzar	→ comience
despertarse	→ se despierte
divertirse	→ se divierta
empezar	→ empiece
encender	→ encienda
encerrar	→ encierre
entender	→ entienda
gobernar	→ gobierne
manifestar	→ manifieste
mentir	→ mienta
querer	→ quiera
recomendar	→ recomiende
sentarse	→ se siente
sentir	→ sienta

e → i

competir	→ compita
despedir	→ despida
despedirse	→ se despida
impedir	→ impida
medir	→ mida
repetir	→ repita
vestirse	→ se vista

o → ue
(excepto 1.ª y 2.ª pers. plural)

acordarse	→ se acuerde
acostarse	→ se acueste
contar	→ cuente
llover	→ llueva
probar	→ pruebe
resolver	→ resuelva
rogar	→ ruegue
soler	→ suela
sonar	→ suene
soñar	→ sueñe
volar	→ vuele
volver	→ vuelva

• Excepciones:

DORMIR	MORIR
duerma	muera
duermas	mueras
duerma	muera
d**u**rmamos	m**u**ramos
d**u**rmáis	m**u**ráis
duerman	mueran

ESPAÑOL	EN TU LENGUA
A	
abandonado/a (4) (6)	
abonar (2)	
abordar (2)	
acariciar (4)	
acatamiento, el (2)	
acero, el (4)	
acertar (0)	
acorde, el (4)	
acoso, el (5)	
acudir (1) (2)	
afinar (un instrumento) (4)	
afincarse (4)	
agotado/a (4)	
alcanzar (2) (4)	
alérgico/a (6)	
algodón, el (4)	
alucinado/a (4)	
ámbito, el (1)	
amenazar (4)	
áncora, el (5)	
anticuado/a (5)	
aparato, el (3)	
aplauso, el (1)	
apoyar (1) (5)	
apuntarse (2) (4)	
argumento, el (1) (2) (5)	
arreglo, el (4)	
asesinar (1)	
asesoramiento (3)	
atarse (5)	
atrapar (2)	
atreverse (4)	
autógrafo, el (2)	
averiguar (4) (6)	
B	
banco, el (asiento) (5)	
barriga, la (0)	
batería, la (6)	
bélico/a (3)	
beneficio, el (5)	
bienestar, el (5)	
blando/a (4)	
boxeador, el (4)	
buey, el (2) (3)	
buñuelo, el (3)	
burro, el (4)	
C	
calabozo, el (5)	
campaña, la (2) (3) (5)	
canapé, el (6)	
carcajada, la (1)	
cargador, el (6)	
carisma, el (6)	
cartelera, la (1) (5)	
catástrofe, la (3)	
celular, el (6)	
cigüeña, la (6)	
cineasta, el/la (1)	
cinematográfico/a (1)	
cobertura, la (0) (6)	
colarse (4)	
colgante, el (3)	
collar, el (4)	
comedia, la (1) (6)	
compañía, la (1)	

* (n.º) indica la unidad en la que aparece.

ESPAÑOL	EN TU LENGUA
competencia, la (5)	
confesar (6)	
conflicto, el (1) (3)	
consolar (0)	
construir castillos en el aire (3)	
consumidor, el (2) (5)	
convertirse (6)	
convocatoria, la (5)	
convoy, el (2)	
cordial (6)	
correa, la (5)	
corto, el (1)	
cosméticos, los (5)	
cotilleo, el (2)	
creatividad, la (5)	
cuero, el (3)	
¡Cuídate! (3)	
cuñado/a (6)	
D	
dar corte (4)	
dar igual (algo a alguien) (4)	
dar lo mismo (algo a alguien) (4)	
dar rabia (4)	
darse prisa (0)	
débil (2) (4)	
decantarse (4)	
defecto, el (6)	
depurado/a (4)	
derogación, la (5)	
desatender (3)	
descargar (4)	
desigualdad, la (3)	
despreocupado/a (4)	
dirigir (1) (6)	
discapacitado/a (3)	
discreto/a (2) (6)	
discutir (6)	
disminuir (2)	
distraído/a (4)	
donativo, el (3)	
dueño/a, el/la (0) (6)	
E	
ejemplar, el (4)	
emisor, el (6)	
encargado/a, el/la (6)	
encerrar (1) (6)	
ensayar (4)	
ensueños, los (4)	
envolver (6)	
escapar (5) (6)	
esforzarse (3)	
eslogan, el (4) (5)	
estar atento/a (4)	
estar colado/a por alguien (4)	
estar dispuesto/a a algo (2) (5)	
estar enfocado/a a algo (3)	
estar hecho/a un lío (2) (4)	
estar loco/a por alguien (4)	
estatuto, el (5)	
estornudar (6)	
estrategia, la (5)	
estreno, el (1)	
exagerar (0) (1) (5)	
explotar (6)	

ESPAÑOL	EN TU LENGUA
F	
faceta, la (2) (4)	
¡Faltaría más! (3)	
festival, el (1)	
fichero, el (5)	
financiar (3)	
fondos, los (de dinero) (3)	
frutero, el (2)	
fundador/a (3)	
G	
generar (5) (6)	
globo, el (6)	
goloso/a (5)	
guerrero, el (4)	
guion, el (1) (4) (6)	
guirnalda, la (6)	
gula, la (2)	
H	
hacer cola (4)	
hacer un drama (1)	
hacerse cargo (3)	
heredero/a (6)	
hermético/a (1)	
histérico/a (4)	
hueso, el (4)	
huidizo/a (2)	
humanidad, la (4) (6)	
huracán, el (2)	
I	
imaginar (2) (3) (6)	
impactar (3)	
impresionar (4) (5) (6)	
incluir (2)	
independizarse (3)	
infusión, la (2) (4)	
inmigrante, el/la (2) (3) (4)	
inspiración, la (3) (4)	
interactuar (5)	
interpretar (1) (4)	
interpretar un papel (2)	
intimidad, la (5)	
inventar (2)	
J	
juez/a, el/la (4)	
L	
labor, la (3)	
lacrimógeno/a (1)	
ladrillo, el (1)	
lasca, la (2)	
lástima, la (4)	
leche condensada, la (2)	
lengüeta, la (6)	
lienzo, el (4)	
llevarse bien/mal (2) (3)	
local, el (0) (6)	
M	
madroño, el (2)	
madrugar (4) (6)	
maltrato, el (3)	
manipulación, la (5)	
marca, la (5)	
marchoso/a (6)	

ESPAÑOL	EN TU LENGUA
masivo/a (6)	
melancolía, la (3) (4)	
mercadotecnia, la (5)	
merecer (6)	
mimoso/a (4)	
moderación, la (2)	
moderar (2)	
morirse de miedo (1)	
musa, la (3) (4)	
N	
narrar (0) (1) (5)	
natal (3) (4)	
nostalgia, la (3)	
notario, el (2)	
O	
obesidad, la (2)	
ojalá (0) (3)	
P	
país subdesarrollado, el (3)	
paisaje, el (0) (4)	
paladar, el (2)	
palomitas, las (4)	
pánico, el (4)	
papel, el (de cine o teatro) (1)	
paragüero, el (6)	
partirse de risa (1)	
pechuga, la (2)	
pelea, la (4)	
peliculero/a (1)	
peludo/a (4)	
perder de vista (a alguien) (6)	
perfil, el (de una persona) (3)	
perrera, la (6)	
pertenecer (1) (2) (6)	
picapedrero, el (5)	
pinchar (6)	
pingüino, el (6)	
piragüista, el (6)	
pólvora, la (3)	
poner tu granito de arena (3)	
ponerle enfermo/a (4)	
ponerse en contacto (con alguien) (6)	
prado, el (1) (4)	
precario/a (5)	
premiar (1) (6)	
propaganda, la (1) (5)	
pulsera, la (4)	
puntero/a (coloquial) (4)	
Q	
Que aproveche. (3)	
Que te mejores. (3)	
quedarse embarazada (4)	
R	
recaudar (3)	
reclamación, la (6)	
recomendar (3) (6)	
recurso, el (2) (3) (5)	
reducir (5)	
refinamiento, el (2)	
reforma, la (1)	
relleno, el (2)	
repercusión, la (2)	

ESPAÑOL	EN TU LENGUA
repostería, la (2)	
represión, la (1)	
requerir (1) (2) (3)	
reserva, la (0)	
reservado/a (4)	
resistir (2)	
retirarse (6)	
retrato, el (4)	
rodaje, el (1)	
rozar (4)	
rubí, el (5)	
S	
salir adelante (3)	
salir bien/mal (3)	
segregar (2)	
selva, la (0)	
sensitivo/a (4)	
ser para tanto (5)	
sigla, la (3)	
sin ánimo de lucro (3)	
sincero/a (4)	
sobre, el (de medicamento) (0)	
sobrepeso, el (2)	
soledad, la (1) (2)	
solfeo, el (4)	
solidario/a (3)	
sombra, la (2) (3) (5)	
sonoro/a (1)	
soso/a (2)	
suflé, el (2)	
sucesor/a, el/la (6)	
sucumbir (5)	

ESPAÑOL	EN TU LENGUA
sueldo, el (5)	
sugerir (6)	
superstición, la (3) (6)	
suponer (0) (6)	
surgir (1) (4)	
suscribirse (2)	
suspirar (3)	
T	
taquilla, la (1)	
tebeo, el (6)	
teclear (4)	
telón, el (1)	
tema, el (1) (3) (4)	
tentación, la (5)	
terminal, el (6)	
tierno/a (4)	
torre, la (6)	
tortita, la (6)	
trabajar codo con codo (3)	
tradición, la (1)	
travesura, la (2)	
trigo, el (3)	
trono, el (6)	
V	
vacunación, la (2)	
vanguardia, la (1)	
vegetariano/a (4) (6)	
virrey, el (2)	
vitrina, la (5)	
voluntario/a, el/la (3)	

* (n.º) indica la unidad en la que aparece.

NOTAS